Reinhard Abeln / Adalbert Ludwig Balling

Segenswünsche das Jahr über

Wer segnet und Gutes wünscht, verbreitet Freude und Frieden

Wer segnet, hilft heilen

fe

1. Auflage 2021

Hauptstr. 22, D-88353 Kißlegg

Layout: Renate Geisler

Druck: orth-druk, Białystok, Polen

ISBN: 978-3-86357-330-0

Printed in EU

Inhaltsverzeichnis

Der ganze Tag
wird froh und gut,
wenn Gottes Segen
auf ihm ruht.

Sprichwort

Liebe Leserinnen und Leser!

Segnen kommt vom lateinischen „signum“ (Zeichen). Segnen heißt unter anderem auch: Ein Zeichen setzen; sichtbar werden lassen, dass man sich um jemand Sorgen macht; dass man ihn so mag, wie er ist; dass man ihn lieb hat trotz aller Ecken und Kanten.

Bei jedem Segnen, bei allem Gut-sein-Wollen geht es um Liebe und Licht; um die Liebe Gottes zu uns Menschen und um die Liebe der Menschen zu Gott und zueinander.

Segenswünsche und Segensgebete wird es geben, solange es Menschen gibt, die guten Willens sind und Lichtträger für die gesamte Schöpfung. – Solange wir leben, dürfen wir nicht aufhören, einander zu segnen.

Dietrich Bonhoeffer hat einmal geschrieben: „Segnen, das heißt, die Hand auf etwas legen und sagen: Du gehörst trotz allem Gott … Wir haben Gottes Segen empfangen im Glück und im Leiden. Wer aber selbst gesegnet wurde, der kann nicht mehr anders, als diesen Segen weiterzugeben, ja, er muss dort, wo er steht, ein Segen sein für andere. Nur aus dem Unmöglichen kann die Welt erneuert werden; dieses Unmögliche ist der Segen Gottes.“ Ein weises und nachdenkenswertes Wort!

Wo Menschen segnen, hat das Böse kein Zuhause mehr. Wo Menschen segnen, ist auch der Raum gesegnet und die Zeit. Wo Menschen segnen, wird Ewigkeit hineintröpfeln in unseren Alltag. Wo Menschen segnen, ist Gott ganz nahe.

Die Ausführungen dieses Buches kreisen um die ur-menschliche Grundhaltung des Segens. Gedanken und Sprüche, Wünsche und Gebete, Lieder und Erzählungen machen deutlich: Ohne Menschen, die segnen, gibt es keine Harmonie, kein Einvernehmen, keine Geborgenheit auf der Welt. Wer segnet, bringt Versöhnung. Wer segnet, trägt dazu bei, unsere Erde zu bewahren. Wer segnet, wird selbst gesegnet.

Die nachfolgenden Texte verdienen es, dass wir sie bedenken und behalten, uns immer wieder an sie erinnern und uns von ihnen vieles sagen lassen: Vordergründiges und Hintergründiges, Sichtbares und Unsichtbares, Menschenliches und Göttliches. Sie eignen sich nicht nur zur Eigenlektüre, sondern auch zum Vorlesen in kleineren oder größeren Kreisen.

Was Sie, liebe Leserinnen und Leser, für dieses Buch brauchen, ist nur ein wenig Zeit und – ein wenig Stille. Denn auch hier gilt wie für alles im Leben: „Nur wenn du stille bist, kann dir geholfen werden" (Johann Wolfgang von Goethe). Viele frohe Stunden beim Lesen und Nachdenken und Gottes Segen an jedem Tag Ihres Lebens wünschen Ihnen

Adalbert Ludwig Balling
Reinhard Abeln

I. Hinführung zum Thema

Wer segnet, hilft heilen

Es bedarf eines langen Lebens,
vor allem eines begnadeten Endes,
um segnen zu können.
Segnen können nur die Reinen
oder die wieder rein Gewordenen:
Die Jungfrau kann segnen,
der Greis, die Greisin können es wieder.
Der Priester kann es in höherem Sinn
kraft seines Amtes;
der Künstler kann es in
einer umfassenden,
reinen, nach Besitz nicht verlangenden
Liebe zu allen Dingen der Welt.
Segnen können diejenigen,
die im Lichtkreis Christi stehen.

Reinhold Schneider

SEGNEN – Eine menschliche Grundhaltung

Gerne denke ich an meine Kindheit auf einem Bauernhof im Fränkischen zurück. Wir spannten Pferde vor die Wagen. Immer, wenn etwas Besonderes gefahren werden musste, etwa die Dreschmaschine oder riesige Baumstämme aus dem nahegelegenen Wald oder Kartoffeln bzw. Rüben zum Bahnhof, dann ließ unsere Mutter nie die Pferde aus dem Hof, ohne ihnen vorher ein Stückchen Brot zu reichen, Brot, das sie mit Weihwasser besprengt oder mit geweihtem Salz bestreut hatte.

Ich erinnere mich auch an die Zeit, als meine Eltern, wenn eine Seuche ausgebrochen war oder auch nur ein einzelnes Tier krank darniederlag, ein paar getrocknete Kräuter aus dem letztjährigen Gewürzbüschel vom Dachboden holten, sie auf glühende Kohlen legten und damit in den Stall gingen.

Ich weiß noch, dass bei schweren Gewittern und Hagelstürmen eine geweihte Kerze angezündet und der Rosenkranz gebetet wurde.

Kein Laib Brot wurde angeschnitten, ohne dass Mutter zuvor das Kreuzzeichen auf das Selbstgebackene gemacht hätte. Und, selbstverständlich, vor und nach den Mahlzeiten wurde ein Segensgebet gesprochen.

Als Kinder wurden wir immer von Mutter gesegnet, mit Weihwasser besprengt, ehe wir das Haus verließen. Unsere Mutter tat es bis ins hohe Alter – und ihre Kinder und Enkelkinder waren dankbar dafür.

Ich meine, nicht nur Mütter/Eltern sollten ihre Kinder segnen, sondern auch umgekehrt: Auch Kinder sollten ihre Eltern segnen, sollten ihnen wohl-wollen; sollten sie zeichen-haft lieb-haben!

Segnen ist eine christliche Grundhaltung. Menschen, die segnen, verbreiten Harmonie, Geborgenheit, Stille, Einvernehmen. Ich meine, wir sollten den Segen, den wir erhalten, weitergeben an andere. So wird Segnen zu einer Kettenreaktion des Guten.

Adalbert Ludwig Balling

Die heilende Kraft des Segnens

Es stimmt nicht, dass nur Priester (Bischöfe, Päpste) segnen dürfen. Es stimmt auch nicht, dass Segenswünsche nur jenen gegenüber ausgesprochen werden sollen, die uns gut gesinnt sind. Was hält uns ab, auch jene, gerade jene, zu segnen, die uns eher feindlich gegenüberstehen? Mit denen wir uns schwertun? Die, möglicherweise, uns gar Böses andichten oder Schlimmes wünschen?

Jeder Mensch kann segnen; kann Segenswünsche äußern; kann anderen Gutes wünschen, zum Beispiel Glück, Gesundheit, langes Leben, Erfolg im Beruf und so weiter.

Niemand ist davon ausgenommen, gesegnet zu werden; niemand ist davon dispensiert, anderen segnenderweise Gutes zu wünschen.

Warum sollte eine Mutter nicht ihre Kinder segnen, ehe sie das Haus verlassen, zur Schule gehen, eine Klassenarbeit schreiben, bei einem Zeltlager mitmachen? Warum sollte ein Vater es unterlassen, die Seinen zu segnen, ehe er von berufswegen verreisen muss? Warum sollte eine Großmutter nicht ihre Kinder und Enkelkinder segnen und Gott bitten, diese zu beschützen?

Meine Mutter hat uns Kinder oft gesegnet, meist mit Weihwasser ein Kreuzchen auf die Stirn machend, vor allem wenn wir etwas Schwieriges vor uns hatten. Ich habe nie eine meiner Foto- und Informationsreisen begonnen, die mich in zahlreiche Länder der Welt und auf alle Kontinente brachten, ohne vorher unsere Mama um ihren Segen gebeten zu haben. Um ihr Gebet wissend, wusste ich mich geborgen.

28 Jahre lang feierte ich regelmäßig mit den Bewohnern eines großen Alten- und Pflegeheims den morgendlichen Gottesdienst. Ein paar Dutzend Besucher waren fast immer anwesend; mehr noch verfolgten die Bewohner die Eucharistiefeier übers

Hausfernsehen (Kappellenkanal!). Immer wieder gaben sie mir zu verstehen, wie dankbar sie seien für die damit verbundenen Segensgebete und Segenswünsche.

Eine Messbesucherin, die 93-jährige Hilde H., hat sich eines Morgens mit einer langen Liste von Seligpreisungen (in Anlehnung an einen Text der heiligen Teresa von Ávila) bei all denen bedankt, die ihr seit Langem so viel Gutes erweisen:

Selig, die Verständnis haben für meinen stolpernden Fuß und meine lähmende Hand.

Selig, die begreifen, dass mein Ohr sich anstrengen muss, um alles aufzunehmen, was man zu mir sagt.

Selig, die zu wissen scheinen, dass mein Auge trübe und meine Gedanken träge geworden sind.

Selig, die mit freundlichem Lächeln verweilen, um ein wenig mit mir zu plaudern.

Adalbert Ludwig Balling

Segen bringt Segen

Gottes Segen an andere weiterzugeben, ist nicht nur eine Aufgabe von Papst, Bischöfen und Priestern. Jeder von uns kann für andere zum Segen werden. Jeder ist aufgerufen, seinen Mitmenschen Gutes zu wünschen und Gutes zu tun. D. h. sie zu segnen.

Worauf es ankommt, hat Frère Roger Schutz (Taizé) in folgende Worte gefasst:

„Mache deine Wohnräume zu einem Ort, an dem andere immer willkommen sind, zu einem Haus des Friedens und des Segens und des gegenseitigen Verzeihens."

Nimm dir Zeit zum Segnen, zum Gutes tun. Es kann durch nichts ersetzt werden. Und das Schönste dabei ist: In der Zeit, in der du segnest, tust du am meisten für dich selbst; denn wer segnet, wird gesegnet.

Reinhard Abeln

Wenn Priester segnen …

Um den Segen eines Neupriesters (Primizianten) zu empfangen, solle man ein paar Schuhsohlen durchlaufen! So sagte man früher im katholischen Bayern. Auch heute noch spenden Neugeweihte den Primizsegen, vor allem in ihren Heimatgemeinden, und in vielen ländlichen Gegenden wissen die Gläubigen nach wie vor um die Kraft dieser zeichenhaften liturgischen Geste.

Leider geben heute auch keineswegs kirchenfeindliche Christen auf den Segen der Priester nicht mehr viel. Man dünkt sich erhaben, meint, es grenze an Magie, will aufgeklärt sein.

Das ist eigentlich nichts Neues.

Katharina Emmerich,

die Seherin von Dülmen

in Westfalen (1774–1824), war schon zu ihrer Zeit sehr traurig darüber, dass selbst Priester nicht mehr so recht an ihre Segenskraft glaubten; sie beklagte, „wie nachlässig die Priester mit dem Segen sind …

Es ist, als wüssten sie oft nicht mehr, was der Priestersegen bedeutet. Viele glauben kaum daran und schämen sich des Segnens als einer veralteten und abergläubischen Zeremonie …“ Man stelle sich vor, wie viel Gutes von Priestern wie Gläubigen ausgehen könnte, wenn alle an die Kraft des Segnens glaubten!

Wenn sie ihre segnenden Hände über die gesamte Welt ausstreckten. Aber es gibt auch ermunternde Beispiele. Manchmal wissen sogar Nichtchristen bzw. Atheisten um die Kraft des Priestersegens. Eine erschütternde Geschichte ist aus einem der Konzentrationslager Hitlers bekannt geworden.

Ein inhaftierter katholischer Priester, der in einer Munitionsfabrik arbeiten musste, wurde eines Tages von einem hohen SS-Führer gebeten, heimlich zu seiner Familie zu kommen und Frau und Kinder zu segnen. Der KZ-Häftling später: „Ich war ergriffen! Da stand ich, in armseliger Häftlingskleidung, und gab den Angehörigen eines Mannes, der mich bewachen half, den priesterlichen Segen! Ein – zumindest nach außen – erklärter Atheist bat mich, einen katholischen Priester, ihn und die Seinen zu segnen ..."

Adalbert Ludwig Balling

Kirchliche Segnungen/Sakramentalien

Die kirchliche Praxis kennt viele Segnungen bei verschiedenen Anlässen „zugunsten" von Gegenständen, Pflanzen, Tieren und Menschen. Die offiziellen Texte erfuhren zwar im Laufe der Jahrhunderte immer wieder Änderungen; auch kamen neue Segensformeln hinzu, aber das Grundanliegen ist gleichgeblieben: Segnungen werden als „Ausstrahlung des Heils- und Erlösungswerkes Jesu Christi verstanden; sie sind inmitten einer Welt der Skepsis und der Gleichgültigkeit ein Zeugnis des Glaubens an die Auferstehung der endzeitlichen Neuschöpfung" (Alfred Läpple). Sie wollen für die Menschen Orientierungszeichen sein, Tröstung und Hilfe. Darauf verweisen fast alle Texte, die bei kirchlichen Segnungen gesprochen werden.

Am Dreikönigstag findet beispielsweise die Weihe von Wasser, Weihrauch und Kreide statt: „Dieses Wasser soll bei deinem Heilswirken, Herr, mitwirken und darum deine göttliche Gnadenkraft aufnehmen, um alles Böse zu vertreiben und Krankheiten abzuwehren. Wenn mit diesem geweihten Wasser die Häuser und Wohnungen der Gläubigen besprengt werden, so seien sie frei von jedem Schaden und Unheil und von jeder Krankheit. Unter Anrufung deines Namens erflehen wir für alle Häuser und Wohnungen, für alle Gläubigen und unser ganzes Volk Gesundheit an Leib und Seele. Frieden, Glück und deine besondere Gnade … Segne, Herr, diese Kreide, damit sie den Menschen zum Heil gereiche, dass jeder, der diese geweihte Kreide verwendet und an die Türen seines Hauses (seiner Wohnung) die Namen der heiligen Könige Kaspar, Melchior und Balthasar (C+M+B) schreibt, durch ihre Fürbitte Gesundheit des Leibes und Zufriedenheit der Seele erlange …"

Im Laufe des Kirchenjahres gibt es viele Segnungen, etwa die Kerzenweihe an Mariä Lichtmess, den Blasiussegen am 3. Februar, die Aschenweihe am Aschermittwoch, die Palmweihe am Palmsonntag, die Weihe von Krankenöl, Chrisam und Katechumenenöl am Gründonnerstag, die Weihe des Feuers, der Kerze und des Taufwassers in der Osternacht oder des Lammes, des Schinken, der Eier, der Brote und anderen Esswaren an Ostern („Segne, Herr, diese Speisen. Deine Güte schenke uns Freude und Gesundheit des Leibes und der Seele. Lass uns in Dankbarkeit deine Gaben genießen und stets deiner Schöpferliebe gedenken …").

Da gibt es die Kräuterweihe am Fest von der Aufnahme Mariens in den Himmel („Segne alle diese Kräuter und Früchte; gieße ihnen, über die natürliche Kraft, die du ihnen geschenkt hast, hinaus, die Gnade deines Segens ein. Lass sie zum Nutzen werden für Mensch und Tier, ein wirksames Heilmittel gegen alle

Krankheiten …"), die Segnung der Pferde (an Pfingsten und am Fest des heiligen Leonhard), die Segnung der Tiere am Fest des heiligen Franz von Assisi und die Weihe von Wein am Fest Johannes des Evangelisten; dabei heißt es:

„Segne, Herr, diesen Wein – und lass uns wachsen in jener Liebe, wie sie dein Apostel Johannes dir schenkt …"

Wenn man das Rituale Romanum (das Buch der Segnungen und Weihen) durchblättert, stellt man fest, dass es fast nichts gibt, das nicht gesegnet werden könnte: Felder, Wiesen, Wälder, Kirchen, Altäre, Kapellen, Kreuze, Rosenkränze, Autos, Traktoren, Motorräder, Brücken, Häuser, Fahnen, Friedhöfe, Schulen, Fabriken, Garagen, Glocken, Krankenhäuser, Heiligenbilder, Statuen, Schiffe, Flugzeuge, Eisenbahnen, – kurzum: Dinge, Tiere und Menschen. Besonders geschätzt werden Reisesegen („Schenke den Reisenden Erlebnisse und Erkenntnisse, die froh machen. Schenke ihnen Erholung in der Schönheit deiner Schöpfung. Bewahre sie vor Unheil und Verkehrsunfällen. Gib uns ein fröhliches Wiedersehen …") und Segnung von Kindern: („Gib diesem Kind den Segen deiner Liebe und deiner Fürsorge. Schenke ihm Gesundheit, Einsicht und Gnade vor Gott und den Menschen. Bewahre es vor Unfällen beim Spielen und auf der Straße …") und Müttern („Herr, du hast gewollt, dass Menschen in deinem Auftrag Leben weitergeben. Stehe in Liebe dieser Mutter bei, die du ein Kind empfangen ließest und die vor der Geburt ihres Kindes steht. Segne Mutter und Kind …").

Einen besonderen Platz im religiösen Leben der Gläubigen nehmen die Segensworte des Papstes und der Bischöfe ein; weltweit bekannt ist der Segen „Urbi et orbi", wobei der Papst Gottes Segen herabfleht auf die Stadt Rom und den gesamten Erdkreis.

Adalbert Ludwig Balling

Segensworte der heiligen Messe

Der barmherzige Gott hat uns den Glauben an das Kommen seines Sohnes geschenkt; er segne und heilige euch durch das Licht seiner Gnade …

*

Der barmherzige Gott mache eure Herzen hell mit dem Licht seiner Gnade; er erfülle euer ganzes Leben mit Freude; er schenke euch und allen Menschen guten Willens seinen Frieden …

*

Gott, unser Vater, hat uns aus der Finsternis in sein wunderbares Licht gerufen; er segne euch und stärke euch im Glauben, in der Hoffnung und in der Liebe …

*

Der barmherzige Gott segne euch und mache euch bereit, Gott und den Menschen zu dienen …

*

Der allmächtige Gott segne euch und schenke euch seine Freude …

*

Der allherrschende Gott gewähre euch die Fülle seines Segens …

*

Der gütige Gott segne euch und schenke euch den Reichtum seiner Gaben …

*

Der Herr segne euch und behüte euch; er lasse sein Angesicht über euch leuchten und sei euch gnädig; er wende euch sein Antlitz zu und schenke euch seinen Frieden …

*

Der allmächtige Gott gewähre euch Segen und Heil; er offenbare euch die Wege seiner Weisheit …

*

Der Gott und Vater unseres Herrn Jesus Christus, der uns tröstet in jeder Not, segne euch und lenke eure Tage in seinem Frieden …

*

Gott, der allmächtige Vater, segne euch; er bewahre euch vor Unheil und Schaden …

*

Gott, unser Vater, segne euch mit allem Segen des Himmels …

*

Die Gnade seines Segens schenke euch der Gott allen Trostes, der uns aus Liebe erschaffen und uns in Christus die Hoffnung auf die selige Auferstehung geschenkt hat …

***

Das Kreuzzeichen – ein Segenszeichen

Christen machen bei vielen Gelegenheiten ein Kreuzzeichen als Zeichen des Segens. Mit der ausgestreckten rechten Hand berühren sie nacheinander die Stirn, die Brust, die linke und die rechte Schulter. Sie wollen damit sagen: Ich bin ganz umfasst von der Liebe Jesu, die er durch seinen Tod am Kreuz für mich gezeigt hat.

Neben diesem „großen" Kreuzzeichen gibt es auch noch das „kleine". Mit dem Daumen der rechten Hand wird je ein kleines Kreuz auf die Stirn, auf den Mund und die Brust gezeichnet. Das soll heißen: Gott segne mein Denken, mein Reden und meinen Willen.

Beim Kreuzzeichen werden meist die Worte gesprochen: „Im Namen des Vaters und des Sohnes und des Heiligen Geistes". Mit diesen Worten und dem Kreuzzeichen können wir zum Beispiel den Tag beginnen, eine Arbeit anfangen oder das Tischgebet sprechen.

Reinhard Abeln

Wahre Liebe gleicht einem Ring

Der russische Dichter Dostojewski schreibt:
„Einen Menschen lieben heißt –
ihn so sehen, wie Gott ihn gemeint hat."

Und wie sieht Gott den Menschen,
wie hat er ihn gemeint?
Er sieht uns mit guten Augen.
Er will uns Gutes.
Er segnet!

Wir wissen alle, dass man die Menschen
auch an ihren Augen erkennen kann;
dass man selbst bei Fremden oft auf Anhieb
sagen kann: Ein guter Mensch; er hat gute Augen!

Früher, im Mittelalter und auch später noch,
sprach man von Menschen
„mit dem bösen Blick".

Diese konnten, wie die Alten sagten,
fluchen, indem sie andere Menschen
mit den Augen „bös anschauten".

Fluchen ist die Umkehr von segnen,
ist das Gegenteil von Gutes wollen.
Fluchen heißt: Böses wünschen!
Der Mensch aber wird von Gott angehalten,
zu segnen, Gutes zu wünschen.

Gute Menschen haben gute Augen.
Das wussten und wissen alle Völker.
Schon im Alten Testament steht
die uralte Segensformel:
„Der Herr segne dich und behüte dich.
Der Herr lasse sein Angesicht über dich leuchten und sei dir gnädig.
Der Herr wende sein Angesicht dir zu und schenke dir Heil!"
(Numeri 6,24–26).

In einem keltischen Segensspruch aus Schottland heißt es: „Die Liebe, die Christus Jesus gab, erfülle jedes Herz für mich. Die Liebe, die Christus Jesus gab, erfülle mich für jeden Menschen."

Bei jedem Segen, bei allem Gutsein und Gutwollen geht es um Liebe. Um die Liebe Gottes zu uns Menschen und um die Liebe der Menschen zu Gott. Wahre Liebe – so ein Sprichwort aus Russland – gleicht einem Ring – und der Ring hat kein Ende!

Liebe hört nie auf, endet nicht. Segenswünsche wird es so lange geben, wie es Menschen gibt, die guten Willens sind.

Solange wir leben, dürfen wir niemals aufhören, einander Segenswünsche zuzudenken.

Der Herr segne euch, die ihr dies lest. Er sei bei euch alle Tage eures Lebens!

Adalbert Ludwig Balling

Segne alle Menschen

Was ehrt den Menschen,
was fördert sein Heil,
was überlebt seine Tränen,
was hilft ihm zum Frieden,
was schenkt ihm Freude?

Wenn er sich einsetzt
für den andern,
wenn er ihm beisteht,
ihn hegt und pflegt,
ihn streichelt und liebkost,
ihn beruhigt und besänftigt,
ihn lobt und preist,
ihn segnet und heilt.

Wer für den andern betet,
heilt ihn an Leib und Seele.

Segne den,
auch den,
der dich verspottet,

der dich verhöhnt und verachtet,
der dich verlacht und verletzt,
der dich verleumdet und verflucht,
der dich verwirrt und vergrault,
der dich verpetzt und verurteilt …

Segne du jene,
auch jene,
die dich nicht akzeptieren,
die dich nicht annehmen,
die dich nicht grüßen,
die dich nicht bewirten,
die dich nicht anerkennen,
die dich nicht ernst nehmen,
die dich nicht gern haben,
die dich nicht lieben …

Segne alle Menschen,
ob nah oder fern,
ob Freund oder Feind,
ob Weiß oder Schwarz,
ob Christ oder „Heide“.

Dein Segen für andere
bringe Segen auch dir;
dein Segen sei
dein tägliches Geschenk!

Adalbert Ludwig Balling

Von guten und bösen Ausstrahlungen

Karlfried Graf Dürckheim schreibt einmal, alle Dinge und Wesen hätten eine besondere Ausstrahlung – die Pflanzen, die Blumen, die Steine – alle Dinge und besonders die Menschen.

Selbst die Räume hätten eine besondere Atmosphäre. Das Lebendige habe eine andere Ausstrahlung als das Tote, das Alte eine andere als das Neue, das Kranke eine andere als das Heile. Dies gelte auch für jede Farbe; damit hänge die Stimmung zusammen, auch die Stimmung eines Raumes, eines gemütlichen Wohnzimmers im Unterschied zu einem Laboratorium.

„Die Menschen haben ein verschieden feines Gespür für diese vielerlei Arten von Ausstrahlung." Es gebe aber auch die dunkle Strahlung; das sei etwas anderes als die negative Ausstrahlung eines Menschen, der unglücklich, verärgert, schlechter Laune sei oder angstbesessen und abweisend. Es gebe die dunkle Ausstrahlung des Bösen, des Diabolischen, des Lustvoll-Zerstörerischen, des überdimensionalen, höhnisch grinsenden Neins, „das allem, was Licht ist (Kraft, Sinn, Liebe), Hohn spricht. Es gibt diese zerstörerische Strahlung bei Menschen, Dingen und Räumen, die von dunklen Mächten besetzt sind.

Graf Dürckheim weiß, wovon er spricht. Die Ausstrahlung des Menschen – zum Guten wie zum Bösen hin – ist gewaltig. Wir könnten es auch Segnen und Fluchen nennen; Segnen als gute Kraft, Fluchen als böse Ausstrahlung.

Wir werden nur dann in Frieden und in Zufriedenheit mit anderen Menschen leben können, wenn wir uns mühen, die guten Kräfte, die segnenden Kräfte, zum Siege zu führen.

Wo Menschen segnen, hat das Böse kein Zuhause mehr. Wo Menschen segnen, ist auch der Raum gesegnet und die Zeit; wo Menschen segnen, wird Ewigkeit hereintröpfeln in unseren Alltag. Wo Menschen segnen, ist Gott nicht fern.

Adalbert Ludwig Balling

Die Mauern des Hasses abreißen

Zwei Schwestern, so las ich einmal, hatten sich wegen einer zerbrochenen Tasse zerstritten. Keine der beiden war willens einzulenken.

Schließlich redeten sie kein Wort mehr miteinander, obwohl sie in einem gemeinsamen Zimmer wohnten. Als die eine damit anfing, ihre Möbel in die eine Ecke des Raumes zu schieben, tat die andere es ebenso. Am Ende zogen sie durch die Mitte des Zimmers einen Kreidestrich: getrennte Bereiche!

Das ging Wochen lang so dahin. Keine der Schwestern wollte nachgeben. Schließlich hatte die eine von ihnen einen Traum. Sie war gestorben und fand sich am Himmelstor wieder. Dort herrschte eitel Freude und Glück. Doch als sie selbst den Himmel betreten wollte, wurde sie auf geheimnisvolle Weise daran gehindert. Als sie näher hinschaute, bemerkte sie den Kreidestrich; er wirkte jetzt wie eine unsichtbare Mauer …

Als sie erwachte, schien der Mond ins Zimmer und ihr Blick fiel auf die Trennlinie, die ihr Zimmer teilte. Leise stand sie auf, holte einen Lappen und wischte den Kreidestrich weg.

Als die andere Schwester erwachte und sah, was geschehen war, lief sie aus ihrer Hälfte des Zimmers hinüber in die andere Hälfte und umarmte ihre Schwester und sie feierten Versöhnung.

Das erinnert mich an eine andere Geschichte. Eine Gruppe junger Menschen hatte in einem dänischen Dorf die Zelte aufgeschlagen. Der Bauer, der ihnen seine Wiese zur Verfügung stellte, erwies sich als hilfsbereit.

Im Laufe der Tage kamen die Jugendlichen mit ihm ins Gespräch. So erfuhren sie beiläufig, dass ihr Gastgeber im Krieg im Widerstand gekämpft hatte – gegen die Deutschen, und dass sein Bruder in einem KZ ums Leben gekommen war. Gefragt, warum er jetzt trotz allem so gut und hilfsbereit sei, auch jungen Deutschen gegenüber, antwortete er: „Einmal muss es ja aufhören mit dem Hass. Ich tue es, damit endlich Schluss gemacht wird mit diesem schrecklichen Morden!“ Und er gestand, dass es ihm anfangs gar nicht leicht gefallen sei und dass seine dänischen Nachbarn ihm heute noch vorwerfen, er sei kein echter Patriot.

Zwei Geschichten aus dem Leben.
In beiden siegte die größere Liebe.
Sie ist dort, wo Menschen bereit sind,
einander zu verzeihen;
wo sie willens sind,
Böses mit Gutem zu vergelten.

Dort zu segnen,
wo Hass war,
fällt nicht leicht.
Aber was wäre diese Welt
ohne jene, die segnen?
Die auch jene segnen,
die ihnen Böses antun?

Adalbert Ludwig Balling

Hände können Segen bringen

Hände können …
streicheln und schlagen,
trösten und vernichten,
helfen und fallen lassen.

Händen können …
neue Hoffnung schenken,
sich zur Versöhnung ausstrecken,
die Hand des Freundes halten.

Hände können …
töten und Leben stiften,
verletzen und pflegen,
arbeiten und beten.

Händen können …
Streit schlichten,
Schwache aufrichten,
Segen bringen.

Reinhard Abeln

Segnend die Liebe künden

Jeder Mensch ist das, woran er glaubt, was er hofft, was er liebt, wofür er betet und was er segnet.

Segnend erhebt sich der Mensch über Tiere und Pflanzen. Segnend wird er mehr Mensch.

Segensgebete und Segenswünsche wird es so lange geben, als es Menschen gibt, die Gutes sinnen und tun.

Niemand ist so arm, dass er nicht für andere beten könnte; kein Mensch wird davon dispensiert, Gutes zu wünschen und zu segnen.

Adalbert Ludwig Balling

Auf die Guten kommt es an

Gebete seien „Straßen ins Jenseits“, schrieb Gertrud von Le Fort einmal. – Gebete sind Segenswünsche, denn wer Gutes wünscht, betet; und wer betet, segnet, sich und andere.

Wenn wir einander Gutes wünschen; wenn wir Gutes weitersagen und Gutes tun, dann helfen wir mit beim Frieden für die Welt und bei der Versöhnung der Menschen untereinander.

Wenn wir Liebe und Freude in die Welt bringen, leisten wir einen Beitrag für die Versöhnung der Menschen und Völker. Wenn wir Gutes tun und Gutes wünschen, wird es heller und freundlicher auf der Welt, vor allem in den Herzen der Menschen. Alles andere überlassen wir Gottes Gnade. Rainer Maria Rilke vertrat die Meinung: „Auch wenn wir nicht wollen, Gott lässt reifen.“

Adalbert Ludwig Balling

Wer segnet, hilft heilen

Albert Schweitzer wollte – so schrieb er – in seinem Leben eigentlich nur dies: „eine Spur der Liebe hinterlassen“.

Eine Spur der Liebe hinterlässt jeder, der anderen wohlgesonnen ist, der ihnen Gutes wünscht, der sie segnet. Er hinterlässt eine „goldene Spur“, weil er anderen zum Segen wird. Weil seine Worte Heil-Kräfte enthalten. Weil sie – wie die Sterne am Himmel – weithin leuchten. Wer segnet, hilft heilen.

Glück- und Segenswünsche sind Goldspuren am Sternenhimmel. Sie leuchten auch noch in finsterer Nacht. Denn sie sind – wie das Gute – unsterblich.

Adalbert Ludwig Balling

Wer segnet, wird gesegnet

Als man Konfuzius nach den „Vortrefflichkeiten" des edlen Menschen befragte, antwortete er: Der Edle ist freigebig, ohne verschwenderisch zu sein; er ist hilfsbereit, ohne sich anzubiedern. Er hält das Volk zur Arbeit an, ohne dass es darüber klagte. Was er zu tun wünscht, geschieht ohne Begehrlichkeit. Er bewahrt Ruhe und Gelassenheit, ohne überheblich oder arrogant zu werden. Er flößt Ehrfurcht ein und gebraucht niemals Gewalt.

Diesen Rat hätte auch Jesus seinen Aposteln geben können. Oder Franz von Assisi seinen Jüngern. Oder Mutter Teresa ihren Schwestern. Es war Letztere, die Mutter der Armen, die einmal gesagt hat – sinngemäß:

- Viele Leute sind unvernünftig, unlogisch und selbstbezogen. Liebe sie dennoch!
- Wenn du Gutes tust, werden sie dir egoistische Motive und Hintergedanken vorwerfen. Tue trotzdem Gutes!
- Wenn du erfolgreich bist, gewinnst du falsche Freunde und echte Feinde. Sei trotzdem erfolgreich! Das Gute, das du tust, wird vielleicht schon morgen vergessen sein. Tue es dennoch!
- Ehrlichkeit und Offenheit machen dich verwundbar. Sei trotzdem wahrhaftig und relevant. Was du in jahrelanger Arbeit aufgebaut hast, kann über Nacht zunichte werden. Baue es trotzdem!

– Deine Hilfe wird gebraucht. Aber wisse, manche Leute greifen dich an, wenn du ihnen beistehst. Hilf ihnen trotzdem!
– Du gibst der Welt dein Bestes; viele schlagen dir die Zähne ein. Gib ihnen trotzdem dein Bestes!

Eine andere große Frau, Hildegard von Bingen, meinte: Der Mensch, der Gutes wirkt, gleicht einem Obstgarten, der von Früchten voll ist; er ist wie die Erde, die mit Steinen und Bäumen gefestigt und geschmückt wird.

Wie wahr! Die Heilkraft des Helfens ist das Geheimnis des barmherzigen Samariters. Wer andern hilft, hilft allemal sich selber am meisten. Wer Gutes tut, empfängt Gutes. Wer segnet, wird gesegnet; wenn nicht jetzt, wenn nicht in diesem Leben, dann dereinst im ewigen!

Adalbert Ludwig Balling

Die heilende Kraft der Zärtlichkeit

Zärtlichkeit sei wieder gefragt. So jedenfalls behaupten die Werbetexter. Ihnen geht es weniger um ein einfühlsames Verhalten der Menschen zueinander; was sie anpeilen, ist das Geschäft, ist der Konsum, sind die vollen Kassen.

Von der heilenden Kraft echter Zärtlichkeit sprechen sie nicht. Allenfalls von körperlichem Wohlbehagen. Zärtlichkeit aber spricht den ganzen Menschen an, Leib und Seele.

„Man schämt sich, wenn man Liebe gibt“, schreibt Sandor Marain; „und noch mehr schämt man sich, wenn man sich dem andern überlässt und das Geheimnis preisgibt. Das traurige Geheimnis, dass man Zärtlichkeit braucht, dass man ohne sie nicht leben kann."

Warum „schämt man sich"? – Vielleicht meint der Dichter damit die Tatsache, dass Liebe und Zärtlichkeit etwas Ureigenes sind, etwas Intimes, etwas, was man nicht auf die Marktplätze und Straßen trägt. Vielleicht will er damit aber auch nur ausdrücken, wie kostbar dieses „Zarte" uns sein müsste und dass wir es nur mit Ehrfurcht und Respekt vor dem andern „handhaben" dürfen.

Bischof Klaus Hemmerle hat die Meinung vertreten: „Wer für den anderen nur Worte hat, der hat für ihn kein Herz. Wer aber für den anderen ein Herz hat, der hat auch Worte für ihn."

Wer dem andern voller Zärtlichkeit begegnet, gibt ihm zu verstehen, dass er ihm „Alles Liebe und Gute" wünscht: Freude, Frieden, Harmonie; kurzum Gesundheit an Leib und Seele. Er weiß auch, „dass auf Dauer nur das Zarte das wirklich Kraftvolle ist" (Ulrich Schaffer) und dass es nur dann heilend wirkt, wenn es von Herzen kommt.

Adalbert Ludwig Balling

Auch darin besteht die Liebe,
dass sich zwei Einsame
beschützen und berühren
und miteinander reden.

Rainer Maria Rilke

Gesegnete Begegnungen

Als ich nach sechseinhalb Jahren in Afrika, genauer gesagt, im Busch von Simbabwe, nach Deutschland zurückkehrte, empfand ich es als schier unerträglich, dass man in den größeren Städten ziemlich anonym aneinander vorbeigeht: Niemand grüßt. Niemand hat Zeit für einen Plausch. Niemand scheint den anderen so recht wahrzunehmen. Alle rennen, hetzen, jagen ihren eigenen, meist eigennützigen Plänen und Interessen nach. Oft getrieben und gefordert vom Berufsalltag.

So jedenfalls mein damaliger Eindruck in Köln, wo ich dann schließlich 50 volle Jahre verbrachte. Wie ganz anders, wie viel menschlicher, heiterer, offener und zugänglicher war's doch im afrikanischen Hinterland: Wo man fröhlich aufeinander zuging; wo jeder für jeden Zeit – und fast immer auch das Gefühl hatte – egal, wer gerade des Weges kam, egal, ob Schwarz oder Weiß –, Mit-Menschen zu begegnen, die Zeit für einen hatten und die sich über jedes Gespräch freuten. Man sah es auch den afrikanischen Gesichtern an: Lauter lockere, lustige, heitere Mienen!

Na gut, so weit meine Eindrücke am Anfang nach meiner Rückkehr aus dem Süden. In den Wochen und Monaten danach änderte sich das allmählich und schließlich machte mir auch das Bad in der „anonymen Menge" Spaß. Ich fing nämlich an, die Gesichter der Menschen zu studieren, vor allem auf meinem morgendlichen Gang zu einem Schwesternkonvent, wo ich täglich fast immer den gleichen Leuten begegnete.

Schon bald fing ich an, ihre Gesichter zu studieren: Es waren sehr unterschiedliche Leute mit sehr unterschiedlichen Gesichtern. Alsbald meinte ich auch, ihre Biografien zu erahnen; ihre Sorgen und Sehnsüchte; ihre Ansichten und Anliegen. Und ich war mir immer häufiger und schneller „bewusst": Nichts ist so interessant und so aussagekräftig wie ein menschliches Gesicht!

Und so begann ich, über diese durch und durch „unpersönlichen Begegnungen“ nachzudenken – über die möglichen Berufe derer, die alltäglich an mir vorbeihuschten; aber auch über ihre Sorgen, ihre (ihnen von mir zugeschriebenen) Eigenschaften und Angewohnheiten.

Es wurde schließlich für mich zu einer spielerischen Art „Berufe-Raten“. Und, auch das geschah hin und wieder, wir fingen an, einander zu „grüßen“: Meistens nur kopfnickend oder freundlich lächelnd, hin und wieder einander zuwinkend, wenn der/die andere gerade mal den gegenüberliegenden Gehsteig benützte. Fehlte mal jemand, dann begann ich mich sogar leise zu fragen: Was ist ihm (ihr) passiert? Hatte er/sie einen Unfall? Liegt eine Erkrankung vor – oder wurde eine größere Auslandsreise vorgesehen?

Meine verborgenen Fragen betrafen weitere persönliche Dinge: Zum Beispiel: Warum war die schicke junge Frau, die stets traurig dreinschauende, plötzlich nicht mehr unter den täglichen Passanten? Hat sie sich etwas angetan? Ist ihr vielleicht der Arbeitsplatz gekündigt worden? Oder: Ich begann nachdenklicher zu fragen: Warum machte sie stets dieses triste Gesicht? Hatte sie Probleme zu Hause? In der Ehe? Mit den Kindern? Hätte ich sie vielleicht doch mal ansprechen sollen? Um sie ein wenig aufzuheitern? Um sie wissen zu lassen, dass nicht alles in unserem Leben sinnlos ist, auch wenn es uns momentan so zu sein scheint.

Da war auch der ältere Herr, der selbst im Hochsommer eine dunkle Baskenmütze trug! Was war er wohl von Beruf? Ein Gymnasiallehrer? Ein emeritierter Professor? Oder eher ein Künstler?

Er hatte ein gutes Gesicht, ein „vergeistigtes“!

Wahrscheinlich, so riet ich weiter, ein Musiker, ein Maler oder ein Schriftsteller! – Auch er war von heute auf morgen nicht mehr unter den täglich an mir vorbeihuschenden „Begegnungen". Warum hat er es mich nicht wissen lassen, dass seine Wege künftig eine andere Richtung nähmen – oder zu einer total anderen Zeit stattfänden!?

Dann war da noch die kleine Mollige, so um die fünfzig. Sie lächelte und schmunzelte gerne vor sich hin. Sie strahlte etwas aus: Zufriedenheit, Dankbarkeit, Harmonie. Ich denke, sie war eins mit sich und der Welt. Ihr „goldenes Gemüt" schien ihre Umgebung positiv zu beeinflussen. Aber auch mit ihr habe ich nie ein Wort gewechselt und doch kam sie mir bald schon wie eine „gute Bekannte" vor. Wäre sie eines Tages einfach nicht mehr vorbeigekommen, ich hätte sie vermisst. Die harmlos-kindliche Heiterkeit, die sie ausstrahlte, war ihr Markenzeichen. Ein mit sich und der Welt zufriedener Mensch!

Auch der kleine, schlanke Herr, dem ich schier jeden Tag begegnete, hatte etwas Besonderes an sich. Ich nannte ihn zwar den „kleinen Doktor", hatte aber keine Ahnung, ob er Arzt war – oder Jurist oder gar „blauen Blutes" – ein Von, ein Adeliger, ein Baron?

Seine auffallende Bescheidenheit wirkte ein wenig ängstlich, aber seine vornehme Art, mit anderen umzugehen, schien allgemein zu beeindrucken. Ich sah öfters, dass er von anderen Passanten freundlich gegrüßt wurde. Einmal beobachtete ich ihn, wie er eine vorbeihuschende ältere Dame darauf aufmerksam machte, dass ihr der Schlüsselbund heruntergefallen war, als sie in ihrer Handtasche etwas suchte. Auf jeden Fall schien er stets guter Miene zu sein – und auch anderen als graziöser Gentleman der „alten Schule" aufzufallen.

Sicher kein Adeliger war der Bettler an der Straßenecke! So ganz regelmäßig war er nicht anzutreffen. Bettler haben ihre eigenen

Stundenpläne, aber ich freute mich doch, wenn ich ihn sah, und er grüßte immer schon von Weitem. Nein, er bettelte nicht um Geld, jedenfalls nicht bei mir. Aber dass ich stets zurückgrüßte, wenn er mir zuvorkam und dass ich ihm, vor allem vor den größeren Festtagen, Gutes wünschte – das schien er mir hoch anzurechnen. Auch er strahlte etwas aus: eine Art bewundernswerte Sorglosigkeit. Sein „heiteres Gemüt" sorgte sicher auch dafür, dass sein „Bettelhut" nie ganz leer war.

Ach ja, in diesem Zusammenhang wären noch zwei junge Frauen zu nennen: Die eine rauschte in langen Schritten an mir vorbei, winters in einem schweren Pelzmantel gehüllt, bis hinunter zu den Schuhsohlen, sommers ärmellos in luftigen, blumigen Kleidchen. Sie guckte weder rechts noch links. Was trieb sie so an – bloße Pflichterfüllung oder die stete Angst, zu spät am Arbeitsplatz zu erscheinen?

Die andere äußerlich das glatte Gegenteil: Wir „kennen" uns seit Langem, grüßen schmunzelnd und wünschen gelegentlich einander „alles Gute!" Oft schon habe ich ihr, wenn Sie mal wieder traurig dreinsah, Gutes gewünscht und sie heimlich gesegnet.

Vielleicht hätte ich es öfter tun sollen, auch bei den anderen Passanten: Sie segnen und ihnen Gutes wünschen!

Wer andere segnet, wünscht, dass es ihnen gut gehen möge.

Adalbert Ludwig Balling

„Das war ein Segen"

Das Wort ist durchaus noch bekannt, auch wenn viele es nicht im gläubigen Sinn verstehen. So kann es durchaus sein, dass jemand sagt: „Das war ein Segen."

Gemeint ist: Ich hatte eine Begegnung, bekam ein gutes Wort, eine hilfreiche Anregung oder hatte irgendein Erlebnis als Wohltat erfahren. Oft ist es so, dass diese „Wohltaten" völlig unbeabsichtigt waren, aber sie lösten in mir für mein Leben eine wichtige Erkenntnis aus.

Die zwei Freunde, so stand es in der Zeitung, standen an der Talstation der Sesselbahn, als einer bemerkte, dass er die Skibrille zuhause vergessen hatte. Skiabfahrten ohne Skibrille, das geht wirklich nicht!

So musste er sie holen, sein Freund, nicht nur erfreut ob der Vergesslichkeit seines Freundes, wartete währenddessen im nahegelegenen Restaurant. Und während der eine so den Heimweg schnell hinter sich bringen wollte und der andere wartete, sprang das Tragseil des Skilifts aus der Halterung, einige Sessel stürzten und das Unglück hatte für die Transportierten schwere Verletzungsfolgen und sogar tödliche Folgen.

Für die beiden Freunde wurde so die zu Hause vergessene Skibrille und die zeitliche Verzögerung zum Segen – beide wären zum Unfallzeitpunkt auf der Sesselbahn gewesen …

Reinhard Abeln

An Gottes Segen ist alles gelegen

Gott segne dich
mit Gedanken des Friedens
und lasse keinen Raum für Gedanken
der Vergeltung und Gewalt.

Gott lasse dein Tun
zum Segen werden für alle,
die dir nahe sind.

Gott lasse dich
unter seinem Segen erkennen,
was gut und richtig ist
für diesen Tag und deinen Lebensweg.
Dieser Segen begleite dich
bis zu deinem Ende.

Gott segne deine Einsicht
und gebe dir einen festen Stand,
damit du sicher stehen
und in seiner Gnade
deinen Weg gehen kannst.

Gott lasse dich erkennen,
dass er in dir ist.
Damit will er dich segnen
und dich zum Segen machen.

Gott segne dich für das,
was du in die Gemeinschaft einbringst,
und sei es auch
in vielen Augen unscheinbar.
Gott misst mit dem Maßstab der Liebe.

Reinhard Abeln

Segne mich, Herr

Segne, Herr –
meine Einsamkeit,
meine Schwermut,
mein Dunkel,
meine Unsicherheit,
meine Ängste,
meine Mutlosigkeit,
meine Alpträume,
mein Bangen vor der Zukunft,
meine Hoffnungslosigkeit.

Segne, Herr –
mich und die Meinen.
Segne alle,
die mir nahestehen;
die mich mögen,
die mich bejahen,
die gut zu mir sind.

Segne, Herr –
mein Reden,
mein Denken,
mein Tun.
Segne mich
alle Tage
meines Lebens.

Adalbert Ludwig Balling

II. Segnen bringt Segen

Anregungen und Impulse aus aller Welt

Herr, segne mich!
Lass mich nicht
aus deinen Augen,
deinen Händen,
deinen Ohren,
deinem Herz.
An diesem Tag
und alle Tage meines Lebens.

Aus Irland (11. Jahrhundert)

Alt-Irische Segensworte

Der Segen sei mit dir – der Segen des strahlenden Lichtes. Licht sei mit dir, Licht um dich herum, aber auch Licht in deinem Herzen. Deine Augen mögen leuchten wie zwei Kerzen in den nächtlichen Fenstern. Damit der Heimatlose näherkommt; damit er Schutz findet und Obdach vor den rauen Winden der Nacht. Wer immer dir begegnet, wenn du über die Straßen gehst, möge von deinem freundlichen Blick gesegnet werden. Gott selber möge dich schützen – und alle, die dir entgegenkommen. Deine Lippen seien voller Sanftmut – lieblich und mild wie ein lauer Sommerabend. Deine Augen seien gütig – hell und warm wie die Sonne, wenn sie den Nebel durchdringt. Blumen mögen für dich blühen; ihr Duft soll sich ausbreiten über alle, die gut zu dir sind. Wenn schlechtes Wetter heraufzieht, möge Gott dich bewahren vor den Gefahren der Seele wie des Leibes. Wenn du weinst, mögen deine Tränen Gott so sehr bewegen, wie der Sturm die Flügel einer Windmühle dreht.

Möge heute Gottes Gnade in dir wachsen –
und aufblühen mit den Jahren
und Früchte tragen zu ihrer Zeit.
Möge Gott segnen,
was deine Liebe bewegt.
Möge er dich schützen Tag für Tag.
Möge heute der erste Tag
der besten Jahre deines Lebens sein.
Ich wünsche dir alles Liebe und Gute,
vor allem Gottes Segen;
ich wünsche es dir persönlich –
und allen, die gut zu dir sind.

Adalbert Ludwig Balling

Auf dem Weg des Friedens

Herr, unser Gott und Gott unserer Väter,
möge es dein Wille sein, uns in Frieden zu leiten,
unsere Schritte auf den Weg des Friedens zu richten
und uns wohlbehalten zum Ziel
unserer Reise zu führen.
Behüte uns vor aller Gefahr,
die uns auf dem Weg droht.
Bewahre uns vor Unfall und vor Unglück,

das über die Welt Unruhe bringt.
Segne die Arbeit unserer Hände.
Lass uns Gnade und Barmherzigkeit
vor deinen Augen finden.
Verständnis und Freundlichkeit bei allen,
die uns begegnen.
Höre auf die Stimme unseres Gebets.
Gepriesen bist du, o Gott, der du unser Gebet erhörst.

Aus Israel

Wir sind alle deine Kinder

Herr, du siehst unsere Schwestern und Brüder
Tausende von Meilen weg.
Du hörst, wie sie für uns beten,
du siehst, was sie für uns tun.

Herr, wir bitten dich für unsere
Schwestern und Brüder:
Was ihnen wehtut, tut auch uns weh;
es tut ja dir auch weh.
Rühre unsere Herzen an,
lass uns nicht zu viel für uns bitten.
Solange wir noch Schuhe an den Füßen tragen,
lass uns für Menschen bitten, die keine Füße haben.

Wache darüber, dass wir alles mit ihnen teilen,
mit denen, die nichts haben.
Sei du das Brot den Menschen, die nichts haben,

sei du mit denen, die in Ungerechtigkeit ersticken,
sei du mit denen, die alles haben:

dicke Autos, schöne Häuser und viel Geld.
Herr, sie sind auch nicht zufriedener als wir.
Sei mit denen, die Hunger haben, und mit denen,
die halbe Teller voll Essen wegschieben.
Wir sind alle deine Kinder, wir brauchen dich,
wir brauchen deine Liebe,
damit wir uns untereinander lieben können.
Segne uns und unsere Brüder und Schwestern in aller Welt.

Segensgebet aus Ghana

Wer Wasser trinkt

Wer ein Kind sieht,
soll an den denken,
der uns Leben schenkt.
Wer Reis in der Schüssel hat,
soll an den denken,
der die Pflanze gehegt hat.
Wer Obst isst,
soll an den denken,
der den Baum gepflanzt hat.
Wer Wasser trinkt,
soll an den denken,
der den Brunnen gebohrt hat.

Aus Vietnam

Gesegnet durch die Sterne

Mit vollen Bäuchen
und gestilltem Durst
von den süßen Wassern
der kalten Quellen
sangen wir die Sommerlieder
und priesen Mutter Erde
für ihre Medizin;
und wir wussten,
dass unsere Kinder erstarkten
und hinter dem Regenbogen herliefen
und Nüsse aßen
und Elche jagten
und immer größer wurden.
Und wir hörten den Schrei der Eule –
nachts, wenn sie zu uns sprach.
Und wir fingen Krähen
und wir tanzten
um die gebleichten Gebeine unserer Feinde
und wir beteten,
dass die Hügel unserer Vorfahren
uns vor den eisigen Winden schützten.
Ja, unsere Bäuche waren voll
und wir waren glücklich
wie Neugeborene –
und wir sangen die Sommerlieder,
die alten, heiligen Gesänge,
die uns der Große Geist gelehrt hatte
vor langer Zeit;
damals, als er die Samen ausstreute
über die Erde,

gab er uns allen einen Namen,
gesegnet durch die Sterne
für allezeit.

Indianer, USA

Bei den Maasai-Nomaden

Bei den Maasai-Nomaden in Ostafrika habe ich es wiederholt beobachtet, wie die Dorfältesten, wenn sie eine benachbarte Siedlung betraten, von den Kindern, Jugendlichen und anwesenden Erwachsenen begrüßt wurden.

Statt einander die Hand zu reichen, stellten sich die Dörfler vor dem Greis hin, senkten den Kopf und ließen sich von ihm die Hand auflegen. Gruß- und Segensformel zugleich!

Adalbert Ludwig Balling

In Gottes Hand

Möge der Herr
dich in seiner Hand halten –
aber nie die Faust
zu fest zumachen.

Irischer Segensspruch

Gott schenke dir

Gott schenke dir
das Lachen eines Kindes,
den Wagemut eines Mannes
und die Weisheit einer alten Frau.

Irischer Segensspruch

Ich ersehne Frieden

Möge die Gabe, um die ich bitte,
mir nicht verweigert werden.
Denn ich ersehne Frieden zwischen Gott und mir.
Segne mich, Gott, mit deinem Frieden.

Irischer Segensspruch

Ich wünsche dir Segen

Der Herr segne dich.
Er erfülle deine Füße mit Tanz
und deine Arme mit Kraft.
Er erfülle dein Herz mit Liebe
und deine Augen mit Lachen.
Er erfülle deine Ohren mit Musik
und deine Nase mit Wohlgerüchen
und dein Herz mit Freude.

Er schenke dir immer neu die Gnade der Wüste:
Stille, frisches Wasser und neue Hoffnung.
Er gebe uns allen immer neu Kraft,
der Hoffnung ein Gesicht zu geben.
Es segne dich der Herr.

Aus Afrika

Möge die Übung gelingen

Als am Weihnachtsabend 1985 chinesische Artisten auf westdeutschen Fernsehschirmen auftauchten, versprachen sich die Zuschauer eine Glanzleistung. Den Künstlern aus dem Reich der Mitte ging ein guter Ruf voraus. Und sie waren fantastisch gut! Mehr noch als ihre zirzensischen Glanzleistungen blieb mir ein Wort der Ansagerin in Erinnerung. Diese elegant gekleidete junge Dame machte ihre Ankündigung auf sehr charmante Weise. Sie wies das folgende Programm an und endete dann ihren kurzen Auftritt mit dem immer wiederkehrenden Satz: „Möge die Übung gelingen!"

Ein uralter Brauch in China will, dass man denen, die waghalsige Übungen darbieten, gutes Gelingen wünscht.

Möge die Übung gelingen – das könnte auch ein Segenswunsch sein, wenn wir die Hilfe des Allmächtigen erbeten bei unseren eigenen Vorhaben.

Möge die Übung gelingen – all das, was wir vorhaben, was wir planen, was wir anstreben. Möge es gelingen – mit Gottes Hilfe und Gottes Segen!

Adalbert Ludwig Balling

Begrüßungsformel bei den Shona

Bei den Schwarzen im südlichen Afrika
gibt es, je nach Stamm verschieden,
sehr originelle Begrüßungsformeln.
In der Shona-Sprache/Simbabwe
begrüßt man sich zum Beispiel morgens,
wechselweise, folgendermaßen:
Guten Morgen! Guten Morgen!
Wie hast du geschlafen?
Ich habe gut geschlafen,
wenn du auch gut geschlafen hast –
Ich habe gut geschlafen …

Ich habe gut geschlafen,
wenn du auch gut geschlafen hast!
Klingt das, für uns Europäer, nicht etwas
eigenartig? Man will Anteilnahme zeigen,
Mitgefühl, Mitsorge.
Man will den andern wissen lassen:
Du, ich hab dich so gern,
dass ich sogar bereit wäre,
auf meinen Schlaf zu verzichten,
wenn es dir nicht gut ginge;
notfalls wachte ich mit dir
in deiner schlaflosen Nacht …

Adalbert Ludwig Balling

Dass das Glück uns gelinge

Wir wünschen einander Glück und Segen bei verschiedenen Anlässen: Glück und Segen; Glück und Freude; Glück und Frieden; Glück und Gesundheit …

Wir wünschen einander Glück an Weihnachten, Ostern, Pfingsten; am Mutter- und Vatertag; an Namens- und Geburtstagen; nach Abschluss der Abiturprüfung; nach dem Hochschulexamen, nach der Meisterprüfung, nach der Fahrprüfung; bei der Geburt eines neuen Erdenbürgers; bei der Erstkommunion, am Konfirmationstag; bei der Einschulung, bei der Schulentlassung; beim Antritt einer neuen Arbeitsstelle; bei Hochzeiten und Diplomfeiern …

Glück – das deutsche Wort Glück – kommt vom Mittelhochdeutschen „Gelücke". Es heißt außer Heil auch noch Rettung und Gesundheit.

Im Französischen und Englischen gibt es für das Wort Glück mehrere Ausdrücke, je nachdem, ob es äußeres oder inneres Glück meint.

Die Franzosen nennen es „fortune" bzw. „bonheur" oder auch nur „chance".

Die Engländer sagen „luck" bzw. „fortune", „happiness", „felicity".

Im Deutschen haben wir nur das eine Wort: Glück.

Aber wir verbinden mit diesem Wort eben auch Segen und Heil.

Segnen heißt: einem anderen wohlwollen; ein Liebeszeichen setzen; Gutes wünschen.

Dass das Glück uns glücke; dass die Zukunft uns gelinge; dass wir selbst uns glücken – das wünschen wir uns selbst. Glück aber auch allen, die uns nahestehen; Glück und Segen, Frieden und Freude!

Adalbert Ludwig Balling

Vom Lobpreis der Navajo

Bei den Navajo-Indianern in Nordamerika
gibt es ein wunderschönes Nachtgebet,
Verse voller Ehrfurcht und Dankbarkeit,
Lied-Gebete.
Eines beginnt folgendermaßen:
Haus aus Morgenrot,
Haus aus Abendlicht,
Haus aus düsterer Wolke –
auf, singe dein Lied.
Düstere Wolken stehen vor der Tür;
aus düsteren Wolken besteht dein Pfad,
der von zuckenden Blitzen erhellt wird.
Ich Glücklicher – ich kann laufen,
auch bei strömendem Regen!
Ich Glücklicher – ich kann laufen,
auch durch das nasse Laub!
Ich Glücklicher – ich kann laufen,
wohin ich auch will!
Möge schön sein, was mich erwartet.
Möge schön sein, was ich hinter mir lasse.
Möge schön sein, was unter mir liegt.
Möge schön sein, was sich über mir befindet.
Möge alles schön sein,
was mich umgibt.
Möge alles in Schönheit enden …

Adalbert Ludwig Balling

Dank an die Bettelmönche

*I*n Thailand ist es Sitte, dass die buddhistischen Mönche sich das Essen auf den Straßen erbetteln. Wenn sie, meistens frühmorgens, durch die Gassen der Dörfer und Städte ziehen, bedanken sich die Leute bei den Mönchen – nicht umgekehrt.

Jene, die geben, sagen Dankeschön zu denen, die die Gabe entgegennehmen! Warum wohl?

Nun, die Thais halten es für einen Segen, wenn die Mönche ihre Gaben annehmen. Sie wissen: Um von einem anderen Menschen etwas anzunehmen, braucht es Demut und Bescheidenheit. Demütige sind meistens auch Dankbare. Menschen, die danken, wünschen Gutes, wünschen Glück, spenden Segen.

Die Thais wollen, dass ihnen auch die Mönche Glück wünschen, Segen bringen, indem sie die Spenden entgegennehmen – stellvertretend für die Götter.

Sie wissen: Wer gibt, dem wird gegeben. Wer segnet, dem wird Segen zuteil. Wer anderen Glück wünscht, ist selbst der Beglückte. Wer mit anderen teilt, teilt sich selbst etwas zu: das Geschenk des Angenommenseins der Liebe.

Schenkende und Nehmende brauchen einander. Beide hängen von jenem ab, der Urheber allen Lebens ist. Er beschenkt Geber wie Nehmer.

Er dankt dem einen wie dem anderen. Auf Seine Weise.

Adalbert Ludwig Balling

Segnen, die mich ärgern

Du meinst, das sei zu viel des Guten – auch jene zu segnen, die dir auf den Wecker gehen? Die dir Sorgen bereiten? Die dich ablehnen oder dir gar Böses wünschen? Aber gewiss, gerade die mögest du segnen!

Franz von Sales sagt mit Recht: Wenn du die segnest, die dich ärgern, wird Gott dich segnen. Es kommt dir alles wieder zugute. Nichts bringt mehr Glück, Freude und Zufriedenheit als das Wohl-Wollen, das man anderen schenkt. Nichts vergrößert die Freude mehr als die Bereitschaft, alle zu segnen – auch die, die uns Ärger bereiten. Segnen bringt Segen.

Wie du sie segnen kannst? Indem du ihnen Gutes wünscht. Und ihnen eine Kerze anzündest. Und Gott bittest, sie zu segnen, sie gesund zu erhalten, auf ihren Wegen zu begleiten, gerade weil sie dich ärgern. Oder du betest, wie man es im alten Irland getan hat:

Entzünde, Gott, in meinem Herzen ein Licht.
Entflamme in mir die Liebe zu allen Menschen,
zu Freunden und Feinden,
zu Verwandten wie zu Fremden,
zu Tapferen wie zu Schurken,
zu denen, die mir wohl wollen wie zu allen,
die mir schlaflose Nächte bereiten …

Adalbert Ludwig Balling

Segen sei mit euch

Möge Gott vor euch hergehen,
um euch den rechten Weg zu zeigen.
Möge Gott neben euch sein,
um euch in die Arme zu schließen.
Möge Gott euch schützen gegen alle Gefahren,
egal, woher sie kommen.
Möge Gott hinter euch sein, um euch
vor hinterhältigen Menschen zu bewahren.
Möge Gott unter euch sein,
um euch aufzufangen, wenn ihr fallt.
Möge Gott euch aus der Schlinge ziehen,
wenn Gefahren euch bedrohen.
Möge Gott in euch sein,
um euch zu trösten, wenn ihr traurig seid.

Möge Gott um euch herum sein,
um euch zu verteidigen,
wenn andere über euch herfallen.
Möge Gottes Auge auf euch ruhen,
möge sein Ohr euch hören,
möge sein Wort für euch sprechen,
möge seine Hand euch segnen.

Nach einem irischen Segensspruch

Das gesegnete Sonnenlicht

Möge das gesegnete Sonnenlicht
dich bescheinen
und dein Herz erwärmen,
bis es aufglüht wie ein Torffeuer,
damit auch der Gast kommen kann
und sich daran wärme.

Möge das Licht deiner Augen
leuchten wie eine Kerze,
die man ins Fenster stellt,
damit es dem Wanderer den Weg weise
und ihn bitte,
einzutreten bei Sturm und Unwetter …

Segensgebet aus Irland

Oma hat Immer Zeit

Lieber Gott,
meine Oma ist schon sehr alt,
aber sie kocht noch immer
Kaffee und gibt mir ein Stückchen
Zucker, wenn niemand zuguckt.
Sie hat immer Zeit für mich,
auch wenn sie gerade das Essen kocht.
Vielleicht kommt das davon,
weil Oma keinen Mann mehr hat.
Der ist eigentlich mein

Großvater gewesen, aber ich
habe ihn nie gekannt.
Großvater, so sagt Oma,
war ein guter Mann;
er hat bei einem Gutsbesitzer
gearbeitet und hat sich dort
zu Tode geschuftet.
Er hat viel gehustet und ist
dann bald gestorben.
Lieber Gott,
tröste bitte meine gute Oma!
Sie wird ganz traurig,
wenn sie von Opa erzählt.
Ich glaube,
sie hat ihn sehr gern gehabt.
Und ich habe meine Oma
viel lieber als alle anderen
Menschen, die ich kenne.
Wenn ich Oma nicht hätte,
wüsste ich nicht,
zu wem ich gehen sollte,
wenn ich von der Schule heimkomme.
Lieber Gott,
lass meine Oma noch lange leben …

Schulmädchen, Bolivien

Sei ruhig, mein Kind!

Sei ruhig, mein Kind,
denn ich habe dich bei Gott gefunden.
Er hat dich mir gegeben.
Ihn will ich anbeten,
wenn ich ihm begegne.
Ich will eine schöne Matte
ausbreiten auf dem Boden
und dich darauf betten.
Ja, Gott ist gut;
er gibt die Kühe
und er gibt die Kinder.
Ich will ihm ein Feuer anzünden.
Sei ruhig, mein Schatz,
du unersetzbarer –
nicht ersetzbar wie ein
irdener Krug oder eine Schüssel.
Sei ruhig, Liebes, Zartes,
sei ruhig!
Sei ruhig, mein Kind;
nicht alle Frauen sind so glücklich,
ein Kind zu haben.
Hätten alle ein Kind,
wären wir alle gleich.
Sei ruhig, Same meiner Liebe.
Nicht jeder ist so glücklich,
diese Liebe zu kennen.
Der Hass zu dir ist so weit entfernt
wie der Mond;
die Liebe zu dir
ist ganz nah,

so nah wie die Quelle, meine Seele.
Ja, Gott ist gut –
er gibt die Kühe
und er gibt die Kinder …

Wiegenlied aus Urundi

Unseren täglichen Reis gib uns heute

Herr,
Vater aller Menschen,
Schöpfer des Himmels
und der Erde,
du kennst unsere Sorge,
du weißt,
was wir brauchen.
Zweimal am Tag
eine Schüssel Reis –
und wir sind glücklich
und zufrieden.
Segne unsere Äcker,
segne die Pflanzen,
segne die Tiere!
Segne unsere Reisfelder;
segne jedes Korn
an jedem einzelnen Halm.
Gib uns eine gute Ernte;
gib uns so viel,
dass wir ohne geizig zu sein,

auch mit anderen teilen,
die weniger haben als wir.
Schenke uns Überfluss
und mache uns freigebig
denen gegenüber,
die hungern.
Herr,
du lässt das Gras wachsen,
du lässt die Blumen blühen,
du schickst Regen und Sonne,
schenke uns unseren täglichen Reis,
damit wir leben können,
damit wir froh sind,
damit wir dir danken.
Lass uns zufrieden sein
mit dem, was wir haben,
und lehre uns,
auch mit wenig auszukommen
Herr,
dir sei Ehre, dir sei Dank!

Aus Ostafrika

Gott gebe dir ...

Gott gebe dir
für jeden Sturm einen Regenbogen,
für jede Träne ein Lachen,
für jede Sorge eine Aussicht
und eine Hilfe in jeder Schwierigkeit.
Für jedes Problem, das das Leben schickt,
einen Freund, es zu teilen,
für jeden Seufzer ein schönes Lied
und eine Antwort auf jedes Gebet.

Irischer Segenswunsch

Heilung durch Harmonie

Die Indianer Nordamerikas wissen es seit Langem: Unheil kommt durch Disharmonie mit dem Schöpfer und den Geschöpften.

Um wieder in Harmonie zu kommen, bedarf es des inneren Gleichgewichtes, des meditativen Innehaltens und Nach-Denkens.

Wer betet, sucht Harmonie.
Wer Harmonie erlangt, erntet Hoffnung.
Wer Hoffnung schöpft, ist auf dem Weg der Heilung.
Heil werden heißt –
wieder in Harmonie kommen mit dem Leben,
wieder in Kontakt kommen mit den Mitmenschen,
wieder eingebettet sein in das Kraftfeld göttlichen Segens.

Auch die besten Ärzte können nicht heilen, wenn du nicht zuvor die innere Harmonie wiederherstellst, wenn du nicht mithilfst, in Einklang zu kommen mit Gott und den Menschen.

Wer willens ist umzukehren, sein Leben neu zu leben. schafft die beste Voraussetzung, gesund zu werden und heil zu sein.

Adalbert Ludwig Balling

Der goldene Ring des Hirten

In der Schweiz gibt es einen alten sinnigen Brauch. Der Älpler nimmt am Abend seinen Melktrichter zur Hand, benützt ihn wie ein Sprachrohr und spricht dann in die vier Windrichtungen folgenden Segensspruch:

„Ich lege einen goldenen Ring um diesen Raum. Gesegnet seien Menschen und Tiere, Wald, Wiesen und Flur – im Namen des dreifaltigen Gottes: des Vaters, des Sohnes und des Heiligen Geistes, der Mutter Maria und aller Heiligen!

Damit jedes Tier und jeder Mensch bewahrt bleibe vor Unheil und Leid und allem anderen Bösen …“ (Das Gebet variiert je nach Gegend.)

Segnen, einander Gutes wünschen – ist das Wertvollste und Beste, was Menschen füreinander tun können. Segnen ist die „Sonnenenergie“ des kleinen Mannes. Sie kann ihm von niemand in der Welt streitig gemacht werden.

Adalbert Ludwig Balling

Ein gesegneter Mensch

Ich bat Gott um Stärke,
aber er machte mich schwach,
damit ich bescheiden würde
und demütig.
Ich erbat seine Hilfe,
um große Taten
zu vollbringen,
aber er machte mich
kleinmütig, damit ich gute Taten
vollbrächte.
Ich bat um Reichtum und Güter,
um glücklich zu werden
und sorglos zu sein;
er machte mich arm,
damit ich weise würde
und unabhängig
und frei.
Ich bat um alle Dinge dieser Welt,
damit ich das Leben genießen könne.
Er aber gab mir das Leben,
damit ich mich freute – an den
Dingen der Welt.

Ich erhielt nichts von dem, was ich erbat, aber alles, was gut war für mich.

Gegen mich selbst wurden meine Gebete erhört; ich bin unter allen Menschen ein gesegneter Mensch.

Von einem unbekannten Soldaten aus dem amerikanischen Bürgerkrieg

Altindische Segensformel

Der Philosoph und Kulturpessimist Arthur Schopenhauer schrieb einmal, er wüsste kein schöneres Gebet als das, womit die altindischen Schauspiele zu schließen pflegen: „Mögen alle lebenden Wesen von Schmerzen frei bleiben!"

Eine wunderschöne Segensformel: Mögen alle lebenden Wesen von Schmerzen frei bleiben! Nicht nur die Menschen, auch die Tiere werden einbezogen. Es wird nicht Glück und Freude gewünscht, nicht Gesundheit und Wohlergehen, nicht Erfolg im Beruf – das wird wohl nicht ausgeklammert! – aber in erster Linie geht es um das Freisein von Schmerz. Wer sich an seine letzten Zahnschmerzen erinnert oder an andere körperliche Schmerzen, weiß, wie deprimierend diese sein können. Ganz zu schweigen von den seelischen Schmerzen, die viel grausamer und viel härter sein können. Das indische Segensgebet beinhaltet beide Arten von Schmerzen: Mögen alle lebenden Wesen von Schmerzen frei sein! Ein Segenswunsch, den wir gar nicht oft genug sprechen können.

Adalbert Ludwig Balling

„Verleih mir Flügel, Herr!“

Herr,
du weißt es besser als ich selbst:
ich werde älter – und eines Tages
gehöre ich zu den Alten.
Bewahre mich vor der unheilvollen
Angewohnheit zu meinen, ich müsse
zu allen etwas sagen.
Befreie mich vor dem Verlangen,
jedermanns Angelegenheiten
in Ordnung bringen zu wollen.
Mache mich bedachtsam, hilfsbereit,
menschenfreundlich.
Lass nicht zu, dass ich mürrisch
werde oder trotzig.
Erhalte mir ein paar gute Freunde.
Bewahre mich davor, endlose
Einzelheiten aufzuzählen.
Verleihe mir Flügel, zur
Hauptsache zu kommen.
Versiegle meine Lippen, wenn ich
klagen möchte.
Ich weiß, meine Leiden nehmen zu,
auch die Lust, sie aufzuzählen.
Um so mehr bitte ich dich um die
Gnade, dass ich alles mit Geduld
ertrage.
Ich wage es nicht, um ein besseres
Gedächtnis zu bitten, wohl aber um
größere Bescheidenheit und weniger
Selbstsicherheit, wenn ich aus meinem

Leben erzähle.
Führe mich, Herr,
zu der Erkenntnis, dass ich mich
gelegentlich auch irren kann.
Sorge dafür, dass ich
liebenswürdig
bleibe, liebenswürdiger werde.
Ich dränge nicht darauf,
eine Heilige zu werden –
manche von ihnen sind so
sauertöpfisch. Schenke mir vielmehr
die Fähigkeit,
Gutes zu tun
auch denen, die es nicht
von mir erwarten.
Gib mir, Herr,
die Gnade, es den Menschen auch
zu sagen, dass ich sie liebe.
Segne mein Alter
und halte deine segensreiche Hand
über alle, die mich mögen.

Eine englische Nonne aus dem 17. Jahrhundert

Ein wunderschöner Brauch

Der bekannte und unvergessene Schauspieler Heinz Rühmann schildert in seinen Erinnerungen (Das war's, Ullstein, Berlin) eine interessante Beobachtung an der Algarve (Portugal): Große stattliche Frauen in schwarzen Gewändern waren da auf dem Marktplatz eines Städtchens zu sehen, Frauen, die seltsamerweise Herrenhüte trugen.

Rühmanns Frau erkundigt sich, warum ausgerechnet unförmliche Herrenhüte? Und erhielt zur Antwort: Es sind Witwen; sie tragen die Hüte ihrer verstorbenen Männer! Diesen symbolischen Brauch kommentiert Rühmann: „So sind sie immer von ihren Männern behütet!"

In der Tat, ein wunderschöner Brauch! Die portugiesischen Frauen wissen um die Macht des Segens; sie glauben an die „Behütung" durch ihre verstorbenen Ehemänner. Sie wissen und glauben, dass jene, die von uns gingen, oft auf wunderbare Weise mitten unter uns sind, unsichtbar zwar, aber nicht minder gegenwärtig.

Die Lehre der Kirche sagt es überdeutlich: Der Mensch ist auf das Leben hin geschaffen – auch über den Tod hinaus: auf das ewige Leben hin! Jene, die wir lieb hatten, die bei uns waren, aber von uns gingen, haben durchaus die Möglichkeit, mit uns verbunden zu bleiben. Sie behüten uns vom Jenseits her; sie segnen uns; sie schicken uns gute Gedanken.

Die Hüte ihrer verstorbenen Männer erinnern die portugiesischen Frauen tagtäglich an die Verbundenheit von Lebenden und Toten. Wir können es gleichermaßen tun, indem wir für die Verstorbenen beten, sie segnen, ihnen Gutes wünschen. Wer segnend der Toten gedenkt, wird von ihnen gesegnet.

Adalbert Ludwig Balling

Dort, wo die Störche nisten

Störche nisten nur dort,
wo gute Menschen leben.

Aus dem Baltikum

In Kleipeda – bekannt vor allem durch „Ännchen von Tharau" – traf ich eine alte Frau. Sie sprach ganz gut Deutsch. Als ich sie fotografieren wollte, fragte sie mich zweimal: „Warum mich alte Frau fotografieren? Da gibt es doch so viele junge hübsche Gesichter!"

Ich entgegnete ihr, sie habe ein gutes Gesicht; darum wolle ich unbedingt von ihr ein Foto machen! – Da strahlte sie noch mehr Güte und Liebe aus und vertraute mir auch gleich ihre Lebensgeschichte an. Sie sei soeben auf dem Weg zum Friedhof, zu ihrem Mann. Der sei schon lange tot – seit über dreißig Jahren. Aber sie besuche ihn regelmäßig; wenn es nicht regne, täglich. Dann unterhalte sie sich ausgiebig mit ihm und erzähle ihm alles, was sie so erlebe.

Auf ihr persönliches Schicksal angesprochen, winkte sie ab: „Wissen Sie, das sind keine guten Erinnerungen. Da sind viele Menschen mitverwickelt und ich möchte heute keinen mehr anklagen. Wir, mein Mann und ich, wir wurden behandelt wie schäbige Dorfköter. Dass man uns nicht hingerichtet hat, war schon eine Ausnahme.

Es ging uns elendig, aber am Ende haben wir uns doch wieder vertragen. Nein, es waren nicht die Balten, nicht die Leute von hier, die uns übel mitspielten. Es waren die Russen."

Hier brach sie ab. Tränen standen in ihren Augen. Ich ließ es dabei, bohrte nicht weiter. Beim Abschied legte ich meine Hand auf ihre Schulter, blickte ihr tief in die guten Augen und sagte: „Gott segne und behüte Sie!"

Da reichte sie mir die Hand, drückte sie fest und sagte mit einigem Zögern: „Ja, ich wünsche Ihnen, wie wir hier sagen, dass auch bei Ihnen zu Hause die Störche nisten mögen!"

Adalbert Ludwig Balling

Nur dann wird es Sonntag

Eines Tages kamen unter einem großen Baum die Tiere zusammen, weil auch sie einen Sonntag haben wollten wie die Menschen.

Der König der Tiere, der Löwe, erklärte: „Das ist ganz einfach. Wenn ich eine Gazelle verspeise, dann ist für mich Sonntag."

Das Pferd meinte: „Mir genügt schon eine weite Koppel, dass ich stundenlang austraben kann, dann ist für mich Sonntag."

Das Schwein grunzte: „Eine richtige Dreckmulde und ein Sack Eicheln müssen her, dann ist für mich Sonntag."

Das Faultier gähnte und bettelte: „Ich brauche einen dicken Ast, um zu schlafen, wenn es bei mir Sonntag werden soll."

Der Pfau stolzierte einmal um den Kreis, zeigte sein prächtiges Federkleid und stellte höflich, aber bestimmt fest: „Nur ein Satz meiner Schwanzfedern, er genügt für meinen Sonntag."

So erzählten und erklärten die Tiere stundenlang und alle Wünsche wurden erfüllt, aber es wurde unter ihnen kein Sonntag.

Da kamen die Menschen vorbei und lachten die Tiere aus: „Ja, wisst ihr denn nicht, dass es nur Sonntag wird, wenn man mit Gott wie mit einem Freund spricht und ihn um seinen Segen bittet?"

Fabel aus Afrika

Erfüllt mit Gottes Segen

Gott segne deine Wege
und mache deine Straßen offen und frei,
damit du seinen guten Segen
zu den Menschen bringen kannst.

Gott segne dich heute
mit besonderer Achtsamkeit und Rücksicht,
dass du die Ängste und Nöte
des Nächsten erkennst
und verwandeln kannst.

Gott zaubere heute
bei vielen Gelegenheiten
ein Lachen auf dein Gesicht,
das ansteckend wirkt,
die Welt verändert
und den Tag segnet.

Gott segne dich
heute mit Freude,
dass dein Herz jung bleibt
und sich deine Träume erfüllen.

Gott segne heute
jedes deiner Worte,
dass es Frieden stifte
und Freude schenke.
Gott segne deine Ohren,
damit du hören, verstehen
und gehorchen kannst.

Reinhard Abeln

III. Segensgrüße und Segenswünsche

„Wenn ich Doktor wär"

Es ist nicht schlecht, dass ich Geld und Besitz habe. Es ist eine Segen, wenn ich andere daran teilhaben lasse.

Es ist nicht schlecht, dass ich Einfluss habe. Es ist ein Segen, wenn ich die Möglichkeit nutze, mich für meine Mitmenschen einzusetzen.

Es nicht schlecht, dass ich gut reden kann. Es ist ein Segen, wenn ich durch ein mutiges Wort die Herzen der Menschen öffnen kann.

Es nicht schlecht, dass ich tiefe Gefühle habe. Es ist ein Segen, dass ich durch sie andere besser verstehen kann.

Es ist nicht schlecht, dass ich gesellig bin. Es ist ein Segen, wenn ich Menschen, die abseits stehen, einbeziehe.

Unbekannter Verfasser

Herr; segne dieses Haus

Segenswünsche für Hausbewohner und Gäste

Gesegnet seien alle,
die dieses Haus bewohnen.
Und alle, die hier Gast sind.
Gesegnet seien alle Menschen,
die anderen beistehen.
Gesegnet seien alle,
die uns Gutes wünschen
und die für uns beten.
Gesegnet seien alle Menschen,
die einander zugetan sind
in Liebe und Freundschaft.
Die sich mühen um Harmonie,
Respekt und Hochachtung.
Die froh und dankbar sind
für die Wohltaten Gottes.
Gesegnet seien alle, die mithelfen,
die Schöpfung zu bewahren.
Gesegnet seien jene,
die von uns gegangen sind
und immer noch,
wenngleich unsichtbar,
unter uns weilen.
Wer ihrer gedenkt,
wer sie segnet, wer für sie betet,
wird nie ganz allein sein
und dort Fürsprecher haben,
wo wir uns einst wiedersehen.
Gesegnet seien die Tage derer,

die uns besonders nahestehen.
Gesegnet seien alle, die dazu beitragen,
dass Gerechtigkeit und Frieden herrschen,
wo immer Menschen einander begegnen.
Gepriesen sei der Gott der Liebe,
des Lebens und der Freude.

Adalbert Ludwig Balling

Gutes tun bringt Segen; wer segnet, wird gesegnet

Wir müssen als die Starken die Schwäche derer tragen, die schwach sind, und dürfen nicht für uns selbst leben.

Römer 15,1

Was Paulus den Christen in Rom sagen wollte, ist heute so aktuell wie damals: Wir müssen uns der Schwachen annehmen. „Wir dürfen nicht (nur) für uns selber leben. Jeder von uns soll Rücksicht auf den Nächsten nehmen, um Gutes zu tun und (die Gemeinde) aufzubauen!" (Röm 15,2). Und wie lautet die Begründung dieser Forderung? Der Apostel sagt es uns: „Denn auch Christus hat nicht für sich selber gelebt" (Röm 15,3).

Was es zu überwinden gilt, das ist der Egoismus des Einzelnen; seine Gier, immer nur für sich selber zu sorgen; nur sein eigenes Wohl und Wehe im Auge zu haben; nur für sich (und die Seinen) Mühe und Anstrengung auf sich zu nehmen.

Denn wo ein jeder frei wäre, „dem andern das Fell über die Ohren zu ziehen, bekommen wir eine Gesellschaft von blutenden Leichen“ (Edwin Chargaff). Wo jeder nur an sich denkt und keinerlei Rücksicht nimmt auf seinen Nachbarn, wird die Erde unbewohnbar.

Der Nächste kann weit weg wohnen, vielleicht sogar auf einem anderen Kontinent. Denn wir leben in einem globalen Dorf; wir sitzen in einem Boot.

Und weil so, sind wir auch alle füreinander mitverantwortlich.

Wer aber den Nächsten wirklich liebt, der nimmt sich auch seiner an; wer sich des Nächsten annimmt, tut sich selber den besten Dienst: Sein Herz verändert sich; er wird froh und guten Mutes; denn Gutes tun bringt Segen, und wer segnet, wird gesegnet.

Wir beten mit Franz von Assisi:

Herr, höchster und lichtvoller Gott, erleuchte die Finsternis in meinem Herzen. Gib mir einen Glauben, der weiterführt, eine Hoffnung, die durch alles trägt, eine Liebe, die nichts ausschließt. Lass mich Bruder sein für alle Menschen. Lass mich in allen Menschen meine Brüder und Schwestern sehen – und in den Leidenden dich selbst.

Adalbert Ludwig Balling

„Liebe ist ein Überfluss an Kraft,
die den erfüllt, der nicht
an sich denkt.“

Dag Hammarskjöld

Ich wünsche euch Freunde

Soll man, darf man sich und anderen Freunde wünschen? Ist Freundschaft unter Menschen nicht eher etwas, das leise wächst? Ohne wesentlichen Einfluss von außen oder vonseiten anderer?

Selbst wenn dem so wäre, dann wünschte ich euch dennoch gute Freunde – Freunde, die euch zur Seite stehen, wenn ihr traurig seid. Die euch wissen lassen, dass sie euch mögen. Die auch dann zu euch halten, wenn „alle anderen“ euch meiden. Auf die ihr zählen könnt – gerade in Zeiten der Not.

Solche Freunde wünsche ich euch: Freunde, die euch mögen; die euch beistehen – auch und gerade in schweren Stunden.

Adalbert Ludwig Balling

Ich wünsche euch ...

Mehr kann man Menschen nicht wünschen: Gesundheit, Glück, Gelassenheit, Zufriedenheit, Nachsicht, Toleranz – und: Gottes Segen!

Ich wünsche euch Gnade und Segen für diesen Tag; für die kommenden Wochen und Monate; für dieses Jahr – und für alle Jahre, die noch folgen mögen.

Ich wünsche euch, dass ihr Gottes Nähe spüren, seine Liebe erfahren und seine Güte wahrnehmen dürft. Und dass ihr begreift, dass er euch ins Leben geliebt hat.

Ich wünsche euch seinen Segen und seine Gnade bei allem, was ihr tut – nach Gottes Willen tut. Ich wünsche, dass Gott euch segne – euch und alle, die euch nahestehen.

Adalbert Ludwig Balling

Flügel für eure Wünsche

Ich wünsche euch Flügel für eure *Augen,* damit sie die Wunder der Welt erkennen und lieben lernen.

Ich wünsche euch Flügel für eure *Ohren,* damit sie auch die leisen Töne des Lebens und der Liebe wahrnehmen.

Ich wünsche euch Flügel für eure *Herzen,* damit sie sich öffnen für alle, die frieren und dürsten und hungern – auch nach Liebe hungern.

Ich wünsche euch Flügel für eure *Hände,* damit sie freigiebig bleiben und heilen helfen.

Ich wünsche euch Flügel für eure *Füße,* damit sie euch tragen und führen – auch zu denen, um die sich niemand kümmert. Seid ihr ihnen Boten der Freude.

Lasst euch beflügeln von den guten Wünschen derer, die stolz sind auf euch; die euch mögen; die dankbar sind, weil es euch gibt.

Adalbert Ludwig Balling

Glücklich sein

Manchmal treffen wir Menschen,
die Wärme ausstrahlen,
die Wohlwollen vermitteln,
die Freude schenken.
Sie nehmen uns an, wie wir sind.
Sie freuen sich,
wenn wir sie besuchen;
sie wünschen uns Gutes,
wenn wir von ihnen gehen.
Wir haben nicht den Eindruck,
dass wir eine Last für sie sind;
auch nicht, dass wir ihnen
kostbare Zeit genommen hätten.
Sie verhalten sich so,
als wären wir erwartet worden.
Sie sind ganz für uns da. –
Solche Menschen wünsche ich dir.
Und dass auch du für andere
so sein mögest.

Adalbert Ludwig Balling

Freude, die dich trägt

Ich wünsche dir Freude,
die dich trägt,
wenn Leid und Härte
dich bedrücken;
wenn Enttäuschungen
dich traurig stimmen;
wenn Abschiednehmen
von einem lieben Menschen
eine Leere hinterlässt.
Ich wünsche dir Freude,
die dich heimholt
in die ewige Freude dessen,
der Quell und Urgrund aller Freude ist.

Adalbert Ludwig Balling

Von ganzem Herzen

Ich wünsche dir gute Tage, an denen du dich gelöst und glücklich fühlst, zufrieden und eins mit dir selbst.

Ich wünsche dir aber auch Augenblicke, in denen du erfährst, wie unfertig du bist, wie zerbrechlich und verletzlich – weil noch vieles in dir auseinanderklafft, mit dir im Streit liegt; weil vieles in dir erlahmt ist …

Ich wünsche dir Menschen, die dich verstehen und bestätigen, die dir Mut machen und mit dir in die gleiche Richtung gehen.

Ich wünsche dir aber auch Menschen, die dir widersprechen, wenn nötig; die dich hinterfragen; die dir neue Wege weisen, sodass du deine Meinung überprüfst und die nötigen Kurskorrekturen vornimmst.

Ich wünsche dir ein weites Betätigungsfeld – und Erfolg in allem, was du tust. Ich wünsche dir aber auch Aufgaben, die dich herausfordern; die dich deine Grenzen erkennen lassen, damit du menschlich bleibst – und hilfsbereit gegenüber denen, die deine Hilfe oder deinen Rat brauchen.

Ich wünsche, dass du dich mehr dem Sein als dem Haben zuwendest – und dass du dankbar bleibst, auch wenn du Erfolge hast.

Ich wünsche dir eine Gemeinschaft, in der du dich wohl und beheimatet fühlst; in der du Geborgenheit findest und Wärme.

Ich wünsche dir aber auch Zeiten heilsamer Unruhe, Zeiten der inneren Konflikte, der Missverständnisse, der Frustration und Einsamkeit – damit sie dich lehren, bescheiden zu bleiben oder es wieder zu werden; damit du täglich neu begreifst, dass Beziehungen niemals sind, sondern immer nur werden, jeden Tag ein wenig mehr.

Ich wünsche dir dies – und vieles mehr. Ich wünsche es dir von ganzem Herzen.

Adalbert Ludwig Balling

Ich wünsche dir Gelassenheit & Harmonie

Gelassenheit hat etwas zu tun
mit Los-lassen-Können, mit Zu-warten-Können,
mit Ab-warten-Können, mit „Die-Ruhe-bewahren-Können".

Gelassene Menschen überstürzen nichts,
drängeln nicht, treiben nicht an.
Gelassene Menschen wissen:
Kommt Zeit, kommt Rat!

Davon wünsche ich dir viel –
von solcher Gelassenheit.
Sie trägt dich, auch wenn
die „Stürme des Lebens" toben;
auch wenn Unheil über dich zusammenbricht;
auch wenn andere dich verleumden,
verklagen, verspotten, verunglimpfen.
Der Gelassene weiß:
Gott schreibt gerade
auch auf krummen Zeilen!

Zur Gelassenheit wünsche ich dir
die „innere Harmonie",
das In-sich-Ruhen der Seele.

Harmonische Menschen sehen die Welt
als Ganze; sie kennen das Übel,
wissen aber auch um das Gute.

Sie lassen sich nicht so schnell
„aus der Bahn werfen";
sie bleiben stabil,
halten das Gleichgewicht;

mühen sich – auch im Umgang mit anderen –
um Ausgleich und Maß.
Daher mein ganz persönlicher Wunsch
für dich: Bleib gelassen,
bleib in der Harmonie –
mit Gott wie mit den Menschen.
Werde, wie Gott dich gewollt hat!

Adalbert Ludwig Balling

Ich wünsche dir den Segen derer, die dir nahestehen

Oma Lotte war mit Markus, einem ihrer Enkelsöhne, im Zirkus. Die Akrobaten vollbrachten einmalige Glanzleistungen – am Seil, am Trapez, auf der Schaukel. Die Augen des Kleinen weiteten sich immer mehr; voller Staunen schielte er von Zeit zu Zeit zur Oma hinüber, doch die saß da und rührte sich nicht. Schließlich stupste er sie und flüsterte: „Oma, guck doch mal!" Sie aber reagierte nicht. Da drehte sich Markus zu ihr hin – und entdeckte ihre geschlossenen Augen.

Jetzt, etwas lauter: „Oma, warum guckst du nicht?" Ihre Antwort war verblüffend einfach: „Ich bete für die Artisten; ich segne sie."

Ich glaube, nur wenige Menschen ahnen, wie wichtig solche kleinen Segensgebete sind. Wie kostbar die guten Wünsche derer, die uns nahestehen. Und wie viel wir denen mit auf den Weg geben, die wir segnen.

Adalbert Ludwig Balling

Manche Menschen wissen nicht,
wie wichtig es ist, dass sie einfach da sind.
Manche Menschen wissen nicht,
wie gut es tut, sie nur zu sehen.
Manche Menschen wissen nicht,
wie tröstlich ihr gütiges Lächeln wirkt.
Manche Menschen wissen nicht,
wie wohltuend ihre Nähe ist.
Manche Menschen wissen nicht,
dass sie Geschenke des Himmels sind.
Sie wüssten es,
würden wir es ihnen sagen.

Paul Celan

Wie Gott dich gewollt hat

Vielleicht ist es falsch verstandene Scham, vielleicht innere Unsicherheit, vielleicht aber auch nur Unachtsamkeit oder die Scheu, wir könnten missverstanden werden, wenn wir denen, deren Segen wir spüren, unseren Dank vorenthalten.

Zuweilen, so versuchen wir eine Entschuldigung für unser Versäumnis, ist es auch der Mangel an Zeit. Wir unterlassen das Gute – und vergessen, dass Zeit, die man anderen schenkt, Segen bedeuten kann. „Wenn du Zeit hast für einen Menschen, dann sieh nicht auf die Uhr“ (Phil Bosmans).

Wenn wir vom Segen derer sprechen, die uns nahestehen, dürfen wir jene nicht vergessen, die uns nahegestanden haben! Auch ihr Wohlwollen und ihre Segenswünsche sind wichtig für uns. Wir, die „Hinterbliebenen“, brauchen ihren Segen, ihre Hilfe, wie immer diese beschaffen sein mag.

Gewiss, die Toten bleiben uns in geheimnisvoller Weise fern; sie leben in einer anderen Welt; sie haben auf andere Weise Frieden und Ruhe gefunden. Aber wir spüren es täglich: Sie sind noch mitten unter uns und erflehen uns Gnade und Segen.

- Ich wünsche dir den Segen derer, die dir nahestehen; ohne ihren Segen hättest du es viel schwerer im Leben.
- Ich wünsche dir den Segen derer, die dir nahegestanden haben; mit ihrer Hilfe wird dir vieles leichter fallen.
- Ich wünsche dir die Erkenntnis, dass Segnen Segen bringt und dass es nichts Schöneres gibt, als die innere Gewissheit, von „guten Mächten“ getragen und beschützt zu werden.

Adalbert Ludwig Balling

Ich wünsche dir die Anwesenheit der Engel

Der persische Arzt und Philosoph Avicenna vertrat die Meinung, die Seelen der Engel würden von Liebesglut erfasst; ihre Schönheit erhöhe alles und ihre Wünsche seien die Gedanken Gottes.

Der aus dem Libanon stammende Schriftsteller Khalil Gibran hat die Gottesboten auf ähnlich poetische Weise besungen: „Die Blumen des Frühlings sind die Träume des Winters am Frühstückstisch der Engel.“

Wir glauben und wissen: „Unsere Engel sind uns ganz nahe und schützen uns und Gottes Kreaturen in seinem Auftrag“ (Martin Luther). Wer die Engel wie gute Weg-Gefährten begrüßt, geht nicht in die Irre. Wer sich den Engeln anvertraut, ist geborgen in Gottes schützender Hand.

Wir tun gut daran, uns gegenseitig die Anwesenheit der Engel zu wünschen – etwa im Sinne eines alten irischen Segensgebets:

Der Engel Gottes sei vor dir,
um dir den rechten Weg zu zeigen.
Der Engel Gottes sei neben dir,
um dich in die Arme zu schließen
und dich zu schützen.
Der Engel Gottes sei hinter dir,
um dich zu bewahren
vor der Heimtücke böser Menschen.
Der Engel Gottes sei unter dir,
um dich aufzufangen, wenn du fällst,
und dich aus der Schlinge zu ziehen.
Der Engel Gottes sei in dir,
um dich zu trösten,
wenn du traurig bist.

- Ich wünsche dir Ehrfurcht vor deinen Engeln; sie schauen allezeit Gottes Angesicht.
- Ich wünsche dir die Anwesenheit der Engel im Schweigen Gottes; und das Schweigen der Engel als Antwort ihres Herrn.
- Ich wünsche dir, dass du Schweigen und Stille als die Sprache der Engel erkennst, die die Ewigkeit erfüllt.

Adalbert Ludwig Balling

Ich wünsche dir die Heiterkeit der Seele

Unser Wort „heiter“ kommt
aus dem Mittelhochdeutschen „heitar“;
es stand für klar, deutlich, durchsichtig.
Den blauen Himmel nannte man heiter –
er stimmt froh und zuversichtlich.
Wolkenlos, verheißt er gutes Wetter!

Ich wünsche dir Heiterkeit
die aus deiner Seele kommt
und deine Seele fördert.

Ich wünsche dir Heiterkeit
die besinnlich ist
und voller Zuversicht.

Ich wünsche dir Heiterkeit,
die andere an-steckt,
ohne sie zu überrumpeln;
die andere mit-reißt,
ohne sie zu entwurzeln.

Ich wünsche dir Heiterkeit,
die aus dem Glauben wächst,
denn der Glaube „ist die Heiterkeit,
die von Gott stammt“ (Johannes XXIII.).

Ich wünsche dir Heiterkeit,
die die Ängste verscheucht
und das Vertrauen weckt.
Die er-muntert und zu-redet,
statt zu bremsen.

Ich wünsche dir die Heiterkeit der Seele;
die Leichtigkeit und Güte
des Heiteren.

Adalbert Ludwig Balling

Lauter gute Wünsche

Alle guten Wünsche mögen dich begleiten
auf allen deinen Wegen;
bei deiner Arbeit, auf deinen Reisen,
zu Hause, bei Freunden und Bekannten.

Meine guten Wünsche seien zu dir
wie Sterne am Himmel;
sie künden Hoffnung;
wie Schmetterlinge im Frühjahr –
wie Schafe auf der Weide –
wie weiße Wölkchen am blauen Himmel –
sie verbreiten Freude.

Alle guten Wünsche begleiten dich –
heute, morgen, alle Tage deines Lebens.
Ich wünsche dir, was du seit Langem
träumst;
ich wünsche dir Träume,
die dich glücklich machen und froh;
die deine Hoffnung vertiefen.

Ich wünsche dir alles Liebe und Gute;
ich wünsche es dir
und denen, die dir nahestehen.

Ich wünsche es all denen,
die gut zu dir sind …

Adalbert Ludwig Balling

Wenn ich Doktor wär …

Wenn ich Doktor wär,
wärst du längst wieder gesund!
Wenn ich Doktor wär,
bekämst du die süßesten Pillen,
die besten Salben,
die knusprigsten Menüs.

Wenn ich Doktor wär,
würde ich dir die nettesten Schwestern
schicken,
die frischesten Blumen,
die spannendsten Bücher –
sodass du überm Kranksein
die Krankheit vergäßest.

Wenn ich Doktor wär,
wärst du längst wieder gesund!
Leider bin ich kein Doktor.
Umso mehr wünsche ich dir
schnelle Genesung –
und alles Liebe und Gute,
vor allem den Segen von oben.

Ja, wenn ich Doktor wär,
dann wärst du längst wieder gesund!

Adalbert Ludwig Balling

Ich wünsche dir Frieden

Wusstest du,
dass unser Wort „Frieden“
vom Altdeutschen „fridu“ kommt
und mit Ein-Frieden, Einfriedung
zu tun hat?
Wer Gegner und Feinde fernhalten will,
muss sich ein-frieden, einzäunen;
muss sich mit Hecken und Mauern umgeben.

Diesen Frieden,
der abgrenzt,
der fernhält,
der ausklammert –
den wünsche ich dir nicht.
Was ich dir wünsche,
ist Frieden mit deinen Feinden.
Frieden mit allen Menschen,
auch und gerade mit denen,
die dir Schlimmes zufügen möchten.

Ich wünsche dir Frieden
in deinem Land,
in deinem Haus,
in deinem Herzen.
Ich wünsche dir Frieden –
nicht des Friedens wegen –,
sondern weil die Bereitschaft
zum Frieden auch die Fähigkeit
zur Versöhnung stärkt.
Ohne Versöhnungswillen

kein Frieden;
keine menschliche Reife.

Ich wünsche dir Frieden
auf allen Ebenen –
mit den Menschen,
den Tieren und Pflanzen.
Gottes Friede komme über dich
und die Deinen.

Adalbert Ludwig Balling

Ich wünsche dir Gnade & Segen

Mehr kann man einem anderen Menschen
nicht wünschen:
Dass Gott ihn segne;
dass er ihm gnädig sei;
dass er ihn annehme und heile;
dass er ihn schütze und bewahre;
dass er ihm zur Seite stehe,
wenn Gefahren drohen;
dass er ihn wie auf Händen trage –
wohl-behütet, wohl-behalten.

Ich wünsche dir Gottes Gnade und Segen
für diesen heutigen Tag;
für die kommenden Wochen und Monate;
für dieses Jahr – und alle,
die noch folgen mögen.

Ich wünsche dir die Liebe Gottes
für dein restliches Leben.

Ich wünsche dir,
dass du Gottes Nähe spürst,
dass du seine Liebe erfährst,
dass du seine Güte wahrnimmst,
dass du seine Sorge um dich begreifst.
Ich wünsche dir Segen und Gnade
bei allem, was du tust –
nach Gottes Willen tust!
Ich wünsche, dass Gott dich segne –
dich und alle, die dir nahestehen.

Adalbert Ludwig Balling

Ich wünsche dir Mut & Zivilcourage

Als der kleine jugendliche David
den Riesen Goliat zum Zweikampf
herausforderte, brauchte er viel Mut.
Die Zeichen standen eher gegen ihn.
Aber David wusste Gott auf seiner Seite.
Er hatte die innere Kraft
des Denkens und Wollens;
die feste Gesinnung dessen,
der weiß, um was er kämpft;
der keinen Hoch-Mut kennt,
aber auch keine falschen Ängste.

Solchen Mut wünsche ich dir –
Mut – der dich motiviert,
etwas zu riskieren,
wenn es um Grundsätzliches geht –
oder um deine religiöse Haltung.

Solchen Mut wünsche ich dir,
wenn äußere „Dinge"
wider dich sprechen.
Oder wenn andere,
die weniger wagen,
dich von deiner Haltung
abbringen wollen.

Solchen Mut wünsche ich dir,
wenn es darum geht,
Würde zu wahren,
Ehrenhaftes zu verteidigen,
Werte zu schützen.

Solchen Mut wünsche ich dir,
wenn Leben auf dem Spiel steht –
dein eigenes
oder das anderer.
Wer das Leben be-jaht,
auch ungeschütztes oder ungeborenes,
bejaht den,
der Leben spendet –
und Mut macht für die Zukunft.

Adalbert Ludwig Balling

Ich wünsche dir die Hingabe der Betenden

Beten will gelernt sein. Niemand fällt als Meister des Betens vom Himmel. Beten kann sehr mühsam sein, anstrengend und ermüdend.

Am besten lernt man Beten durch das Beispiel anderer, etwa der Eltern.

In einem Brief von Peter Wust, ehemals Philosoph an der Universität Münster, fand ich die markanten Sätze: „Gott ist so groß in seinen Werken; er bedient sich zuweilen der ärmsten Geschöpfe, um seine Pläne erfüllen zu lassen." Im gleichen Brief bekennt der Philosoph, Beten habe er von seinem Vater, einem einfachen und armen Siebe-Macher, gelernt, „der immer betete, wo er ging und stand".

Ihm „verdanke ich alles, was Gott mir geschenkt hat. Und deshalb werde ich heute noch ganz selig, wenn ich auf der Straße solchen Leuten wie Schirmflickern, Scherenschleifern usw. begegne oder sie bei ihrer Arbeit beobachte. Ich habe das Siebmacherhämmerchen meines Vaters, das er vierzig Jahre im Gebrauch hatte, hier auf meinem Pult liegen: Es ist der Hammer des Glücks." Zehn Jahre nach diesem Brief nimmt der Philosoph, schon von unheilbarer Krankheit gezeichnet, Abschied von seinen Studenten.

Diesmal antwortet er auf die rhetorische Frage, oh er denn einen „Zauberschlüssel" kenne, der einem das letzte Tor zur Weisheit des Lebens erschließe: Ja, er kenne diesen Schlüssel. Es sei aber nicht, wie man von einem Philosophen erwarte, ein ausgeklügelter Gedanke, sondern das Gebet.

Beten sei, wenn man's nur radikal genug versteht, eine letzte, vorbehaltlose Hingabe, die zum Vertrauen des Kindes zurückführt. Deshalb wüchsen die Menschen in dem Maß in den Raum ihrer Menschlichkeit, in dem sie beten können.

Weil Gebet das Kennzeichen für jede wahre Demut des Geistes sei, würden die großen Dinge des Daseins nur den betenden Geistern geschenkt.

Adalbert Ludwig Balling

Ich wünsche dir die Demut der Hoffenden

Hoffnung sei nichts als pure Angst vor dem allzusehr Ersehnten – dem man nicht ganz traue, an das man nicht wirklich glaube. So hat es der ungarische Autor Sándor Márai einmal umschrieben. Ein andermal fügt er hinzu, Liebe, echte Liebe sei nur in Demut möglich und in der Hoffnung, zurückgeliebt zu werden.

Beides stimmt, aber nur bedingt. Denn Hoffnung, christlich verstandene Hoffnung, ist mehr als ängstliches Sehnen. Demut, christlich gedeutete Demut, ist Dien-Mut, eine Bereitschaft zum Dienen ohne Seitenblick auf den Lohn der Liebe.

Wer könnte leben ohne die Hoffnung, dass auch in Zukunft „ein Liebeswort die Angst überlebt“ (Rose Ausländer)? Wer könnte dienen, ohne die Gewissheit, im Dienste eines Höheren zu stehen? „Die Liebe hat den Menschen erschaffen; die Demut hat ihn erlöst!“ (Hildegard von Bingen).

Nach Immanuel Kant helfen drei Dinge, die Mühseligkeit des Lebens zu (er-)tragen: die Hoffnung, der Schlaf und das Lachen. Recht hat er, der Philosoph aus Königsberg! Wer schlecht schläft, hegt wenig Hoffnung für den beginnenden Tag. Wer nicht hofft, hat im Regelfall auch nichts zu lachen. Wer nicht mehr lachen kann, hofft nicht. Aber alle drei „Kantschen Dinge“ reichen nicht aus, wenn die Demut fehlt. Nur der Demütige hat gute Chancen, seine Hoffnung in Erfüllung gehen zu sehen.

Ich wünsche dir die Hoffnung der Demütigen. Wer dient, ohne auf den eigenen Vorteil zu schielen, für den wird die Hoffnung zur „schönen Erinnerung an die Zukunft“ (Gabriel Marcel).

Ich wünsche dir Glauben, Hoffnung und Liebe, diese drei. Sie mögen dich begleiten alle Tages deines Lebens.

Ich wünsche dir die Hoffnung, die aus dem demütigen Vertrauen kommt, dein Leben in die Hände eines Höheren legen zu dürfen.

Adalbert Ludwig Balling

Ich wünsche dir Nachsicht & Toleranz

Wer anderen etwas nach-sieht,
ist willens,
zu vergeben und zu verzeihen.
Wer Toleranz übt,
gibt zu verstehen,
dass er auch über Fehler und Schwächen
anderer hinwegsieht, wenn er spürt,
dass jene sich ehrlich Mühe geben,
sich zu bessern bzw. zu ändern.

Der Nachsichtige ist kein Schwächling;
im Gegenteil, er nützt die Schattenseiten
des andern nicht für eigene Vorteile aus;
er über-vorteilt nicht, sondern müht sich
um faire Behandlung.

Der Tolerante lässt auch
andere Meinungen gelten;
er ist kein Fanatiker der eigenen Meinung,
sondern Befürworter der Meinungsfreiheit.
Er lehnt den andern nicht ab,
weil er anderer Hautfarbe,
anderer Nationalität,
anderer Religionszugehörigkeit ist.

Er lässt Andersdenkende zu –
ohne seinen eigenen Standpunkt aufzugeben.

Ich wünsche dir Nachsicht und Toleranz
gerade dann, wenn es schwerfällt,
unterschiedliche Haltungen zu akzeptieren.
Ich wünsche dir Großzügigkeit
und Liebe – zu allen Menschen.
Nur der großzügig Liebende
sieht auch das Gute im andern.

Adalbert Ludwig Balling

Ich wünsche dir Demut & Bescheidenheit

Vielleicht widerspricht dies deinem Naturell.
Du möchtest etwas leisten,
möchtest vorankommen im Leben,
möchtest die Karriereleiter hochklettern;
möchtest die Welt umkrempeln …
Demut, Bescheidenheit wären da –
meinst du – fehl am Platz.

Du täuschst dich!
Nicht die Großmäuligen,
nicht die Ellenbogen-Menschen,
nicht die Alleskönner und Alleswisser
sind die „Großen im Lande",
sondern die Bescheidenen,
die Einfachen,
die De-mütigen.

Die „Stillen im Lande" sind es,
die den Lauf der Welt mitbestimmen!
Das wissen – leider – nur wenige.

Liebe macht keinen Lärm!
Die, die lieben, prahlen nicht;
die, die Gutes tun,
hängen es nicht an die große Glocke;
die, denen das Wohlergehen der Menschen
ein echtes Anliegen ist,
wirken oft im Verborgenen.

Ich wünsche dir etwas von ihrem Dien-Mut,
von ihrer Bescheidenheit,
von ihrer „lautlosen Liebe".

Adalbert Ludwig Balling

Ich wünsche dir Flügel für deine Sehnsucht

Sehnsucht ist auch ein Stück Sehnen
nach einer heilen Welt;
nach einem Stück Paradies;
nach Harmonie und Einvernehmen
unter den Menschen.

Viele Menschen, vor allem junge,
sehnen sich nach einem ehrlichen Leben,
nach Freundschaft, die trägt;
nach Solidarität, die durchaus Opfer verlangt;
nach Zärtlichkeit, die wohl-tut;
nach Heimat, die birgt und schützt.

In diesem Sinne
wünsche ich dir Flügel
für deine Sehnsucht.
Darüber hinaus wünsche ich dir
jene tiefe „Bewegung" deiner Seele,
die zum Urgrund allen Seins führt.
Zur Quelle allen Lebens: zu Gott.
Denn die Sehnsucht des Menschen
nach Gott „ist in Wahrheit die Sehnsucht
Gottes nach den Menschen" *(Manfred Hausmann).*

Inmitten dieser Sehnsucht
„nach dem abwesenden Gott
entdecken wir seine Spuren;
und uns wird bewusst, dass unsere Sehnsucht,
Gott zu lieben,
aus der Liebe entsteht,
mit der er (Gott) uns berührt hat!" *(Henri Nouwen).*

Von dieser Sehnsucht spricht auch Rainer Maria Rilke:

„Das ist die Sehnsucht: Wohnen im Gewoge
und keine Heimat haben in der Zeit.
Und das sind Wünsche: Leise Dialoge
täglicher Stunden mit der Ewigkeit.“

Adalbert Ludwig Balling

Ich wünsche dir Flügel und Kraft für die einsamen Stunden

Der Mensch sei ein Gemeinschaftswesen,
sagte man im antiken Griechenland.
Er tauge nicht für das Leben
in der Einsamkeit.

Die ersten Mönche des frühen Christentums
gingen freiwillig in die Wüste.
Sie wollten alles entbehren –
um ganz für Gott da zu sein.
Nicht allen ist es bekommen;
nicht wenige wurden schrullig.
Später kamen andere Mönche,
bauten Gemeinschaftsklöster,
pflegten den Kontakt zu den Mitmenschen.
Heute wissen wir: Nur wenige Menschen
vertragen die totale Einsamkeit.
Die allermeisten brauchen das Du,
den Mitmenschen.

Dennoch – auch zu zweit,
auch in der Gemeinschaft –
sind wir oft mutterseelenalleine.
Für diese Stunden der Einsamkeit
wünsche ich dir viel Kraft und Segen.

*

Zuweilen brauchen wir
die einsamen Stunden;
Stunden, in denen wir zu uns selber kommen;
Stunden großer innerer Einsamkeit;
Stunden, in denen wir niemandem begegnen.
Vielleicht brauchen wir auch
dieses „Einsam-sein, wie man als Kind
einsam war, als die Erwachsenen
herumgingen, mit Dingen verflochten,
die wichtig und groß schienen,
weil die Großen so geschäftig aussahen
und weil man von ihrem Tun nichts begriff" *(Rainer Maria Rilke).*

Vielleicht hat der Dichter recht.
wenn er diese Einsamkeit
groß und heilig nennt,
reich und rein und weit
„wie ein erwachender Garten".
Vielleicht sollten wir öfters
diese „heilige Einsamkeit" bitten,
die „goldenen Türen zuzuhalten
vor denen die Wünsche warten *(R. M. Rilke).*

Nur darf solche Einsamkeit
nicht abkapseln, nicht ein-igeln,
nicht ausgrenzen!
Sie muss zum Nährboden werden
für unsere menschliche Reife.

Ich wünsche dir Flügel,
wenn Einsamkeit über dich kommt,
die du allein nicht bewältigst.
Dann wünsche ich dir Flügel,
die dich tragen
weit übers Meer der Sehnsucht.
Die dich wohl-behalten
wieder heimführen in die Gemeinschaft derer,
die dich mögen.

Adalbert Ludwig Balling

Ich wünsche dir Flügel des Staunens

„Wer staunen und lieben kann,
gehört zu den Gesegneten
dieser Erde“ *(Manfred Hausmann).*

Wer das Staunen nicht verlernt hat,
hat auch das Danken nicht verlernt.
Menschen, die staunen können,
die sich freuen über das Wunderbare
in dieser Welt,
die hell-hörig sind und auf-geschlossen,
sind meistens auch glückliche Menschen.

Ich wünsche dir Flügel des Staunens –
auch um dir deine Dankbarkeit
zu bewahren;
auch um dich daran zu erinnern,
dass das Schöne und Faszinierende
der Natur einen Urheber hat.

Ich wünsche dir Flügel des Staunens –
auch über so kleine „Wunder"
wie eine Rosenblüte
oder einen Schmetterling
oder einen Regenbogen.

Ich wünsche dir Flügel des Staunens –
und viel Freude an der Natur.
Freude und Dankbarkeit darüber,
dass – bei allem Leid
und bei allem Schlimmen dieser Welt –
millionenfach „Wunder"
uns täglich ins Haus stehen.

Ich wünsche dir Flügel des Staunens –
wache Sinne für das Schöne in der Welt;
offene Ohren,
weite Augen
und ein dankerfülltes Herz.

Adalbert Ludwig Balling

Ich wünsche dir Flügel der Weisheit

Weisheit umfasst viele Eigenschaften.
Der Weise ist (zum Beispiel)
in der Regel auch der Gelassene;
„seelenruhig kommt keiner auf die Welt;
Gelassenheit braucht Zeit,
braucht Lebenserfahrung,
braucht den weiten Blick“ *(Rudolf Walter).*
Aber diese „Seelenruhe“ ist selten
nur Talent, nur Begabung.
Sie ist auch ein großes Stück Arbeit
und daher eine Aufgabe:
gelassener zu werden.

Weisheit ist – im weitesten Sinne –
Abgeklärtheit, Besonnenheit, Erfahrung.
Der Weise rät: „Was für dich getan wird,
lass es zu. Was du selbst tun musst,
sorge dafür, dass du es tust“ *(Idris Shah).*

Der Weise sucht nicht die Ehre;
er wirbt nicht für sich selbst;
er bleibt gerne im Hintergrund;
er ist bescheiden –
trotz aller Weisheit.

Der Weise weiß:
„Demut ist die dem Menschen
eigentümliche Würde vor Gott“ *(Gertrud von Le Fort).*

Ich wünsche dir Flügel der Weisheit;
Flügel, die dich tragen,
die dich stark machen;
die dir gerade dann Aufwind schenken,
wenn Schweres dich niederreißt.

Ich wünsche dir Menschen,
die dich Weisheit lehren –
Weisheit und Güte,
Güte und Liebe,
Liebe und Bescheidenheit,
Bescheidenheit und Dankbarkeit …

Adalbert Ludwig Balling

Möge die Sonne dein Gesicht bescheinen

Mögen sich die Wege
vor deinen Füßen ebnen,
damit du nicht stolperst
auf steilen Pfaden.

Mögest du den Wind
im Rücken haben,
wenn Stürme übers Land peitschen
und dich aus dem Gleichgewicht werfen wollen.

Möge die Sonne dein Gesicht bescheinen,
wenn kühle Winde
über die Felder wehen
und deine Hände frösteln lassen.

Mögest du Dankbarkeit
in deinem Herzen bewahren –
auch dann, wenn Schlimmes
dich heimsucht und quält.

Mögest du begreifen,
dass Leid und Schmerz
dich reifen lassen.

Mögest du kostbare Erinnerungen
an gute Zeiten haben –
an Tage und Wochen oder Monate,
die dir einst sehr viel
bedeutet haben.

Dies alles wünsche ich dir –
und vieles mehr!

Ich wünsche dir,
dass jede Gottesgabe in dir wachse;
dass dir immer neu bewusst werde,
dass du deine Talente
einem anderen ver-dankst;
dass du die Herzen jener erfreuen mögest,
die du liebst –
und die dich mögen.

Möge freundlicher Sinn
in deinen Augen aufstrahlen –
anmutig und heiter wie die Sonne,
die – von grauen Nebeln aufsteigend –
dennoch die windstille See erwärmt.

Möge Gott seine schützende Hand
über dich ausbreiten.
Möge seine Macht dich gesund erhalten.
Möge sein Auge dich bewachen.
Möge sein Ohr dich vor Gefahren bewahren.
Möge sein Wort
für dich ein Wort einlegen.
Möge der gute Gott
dich segnen
alle Tage deines Lebens.
(In Anlehnung an eine alt-irische Textvorlage)

Adalbert Ludwig Balling

Gottes Segen gibt Mut

Gott segne deine Schritte:
die tapferen und die ängstlichen,
die großen und die kleinen –
er segne dich
und zeige dir jeden Tag,
wie wertvoll du bist.

In der Nacht und bei Tag
stehe Gott dir bei
mit seinem zärtlichen Segen.

Gottes Segen stärke dich
in allen Zweifeln, Ängsten und Krisen.

Gott bewahre dich
vor jedem Übereifer.
Sein Segen stärke
deine Gelassenheit.

Habe Mut zu neuen Schritten.
Ändere deinen Blick
auf die Dinge dieser Welt.
Und handle mit Gottes Segen.

Gott segne dein Tun
an anderen Menschen,
damit du Hoffnung bringst,
wo Angst herrscht,
und Trost, wo Trauer ist.

Gott segne deine Stunden
der Sicherheit und der Unsicherheit,
der Gewissheit und des Zweifels.

Reinhard Abeln

IV. Segenswünsche und Segensgebete

Wer segnet, bringt Früchte zum Reifen

Jeder Mensch ist das. woran er glaubt, was er hofft, was er liebt, wofür er betet, was er segnet. – Segnend erhebt sich der Mensch über Tiere und Pflanzen. Segnend wird er mehr Mensch.

*

Niemand ist so arm, dass er nicht für andere beten könnte; kein Mensch wird davon dispensiert, für seine Mitmenschen zu beten – ihnen Gutes zu wünschen, sie zu segnen.

Adalbert Ludwig Balling

Segensgebete sind Mächte …

Vor Jahren sagte jemand zu mir:
„Wer Sie anschaut, schaut
aus Ihnen zurück.
Wer Sie ignoriert, ignoriert sich selbst.
Wer gut zu Ihnen hindenkt,
dem geht es gut.
Wer Sie segnet, der wird gesegnet!"

Es ist ein Irrtum zu meinen,
Gedanken und Wünsche seien zollfrei.
Gedanken sind Mächte.
Segenswünsche sind Großmächte.

Wehe dem, der sie verkümmern lässt
oder missbraucht.

Segnen macht gesund an Leib und Seele.
Segnen gibt Kraft, setzt Kräfte frei.
Wer segnet, befreit sich
und seinen Nächsten vom Fluch.
Wer segnet, wird mehr Mensch.
Segensgebete sind Kraftwerke der Liebe.
Wer Böses tut,
tut es gegen sich selbst;
wer andere segnet,
segnet sich selbst mit.

Adalbert Ludwig Balling

Gesegnet der Mensch …

Gesegnet der Mensch,
der sich auf Gott verlässt,
der alles von ihm erwartet.
Er ist wie ein Baum,
der am Wasser gepflanzt ist
und am Bach seine Wurzeln ausstreckt.
Wenn Hitze kommt,
fürchtet er sich nicht.
Seine Blätter bleiben grün,
und wenn ein trockenes Jahr kommt,
bringt er Frucht hervor,
ohne aufzuhören.

Nach dem Buch Jeremia 17,7–8

„Der Gott wird schon wissen!"

Es war im Zweiten Weltkrieg.
Aus Osteuropa,
vor allem aus Polen und Russland,
wurden viele Menschen zwangsverschleppt;
viele von ihnen mussten in deutschen Fabriken
arbeiten oder bei Bauern aushelfen.
Eine junge Russin, die in einer Fabrik
hart zulangen musste, war fast immer guten Mutes.
Darauf angesprochen, wie sie die Fronarbeit
in der Fremde so frohen Mutes schaffe,
antwortete sie in gebrochenem Deutsch:
„Der Gott wird schon wissen!"
Was sie meinte, war klar:
Sie glaubte an Gott und war fest überzeugt,
dass er auch über ihr Schicksal wachen werde.

Du, Gott der Menschen –
du wirst schon wissen,
warum du zuweilen Schweres zulässt!
Du wirst schon wissen,
warum wir Menschen so viel
Leid und Mühsal erfahren müssen.
Du wirst schon wissen,
was für mich gut ist.
Ich bitte dich,
nimm mich unter deinen besonderen Schutz.
Schenke mir die Kraft,
auch Leidvolles zu tragen.
Segne mich in der Freude
wie im Leid.

Adalbert Ludwig Balling

Danke für deinen Schutz

Herr, du warst bei mir – auch dann, wenn es dunkel wurde. Du hast mich beschützt auf vielen meiner Wege. Dir will ich danken, dich will ich lobpreisen. Deine heiligen Engel mögen mich behüten heute und alle Tage meines Lebens.

Adalbert Ludwig Balling

Gesegnet und gepriesen

Vater im Himmel!
Segne mich heute
und segne mich morgen.
Segne mich
alle Tage meines Lebens.

Blaise Pascal

*

Gott,
vor allem Unheil bewahre mich!
Auf allen meinen Wegen
führe mich!
Mit deinem Segen
umfange mich!

Anton Kner

*

Gesegnet und gepriesen
seist du, ewiger Gott,
der du uns hast
leben lassen,
der du uns hast aufrecht
sein lassen
und der du uns diesen Tag
hast erreichen lassen!

Jüdischer Gebetssegen

Ein Gebet für meine Freunde

Herr,
sei nahe denen, die mich mögen;
beschütze sie, wenn sie unterwegs sind;
halte deine Vaterhände über sie, wenn
ihnen Gefahren drohen;
gib ihnen Erfolg bei ihrer Arbeit;
schenke ihnen Freude im Alltag;
mache sie dankbar.

Herr,
sende Sonnenschein und Regen denen,
die ich liebe;
lass die Früchte in ihren Gärten
und auf ihren Feldern gedeihen.
Nimm dich auch der Tiere an;
erhalte sie gesund.
Lass aufgehen und wachsen, was

gesät wurde, lass reifen und zur
Vollendung gelangen, was in dir
und durch dich seinen Anfang nahm.
Segne Menschen, Tiere und Pflanzen.

Herr,
vergiss die Kranken nicht,
stehe bei den Gebrechlichen und Alten.
Lass sie alle wissen, dass sie dir
dienen und deinen Namen preisen,
wenn sie dir zuliebe ihr Kreuz tragen;
schenke ihnen Linderung ihrer Schmerzen
und lass sie Freude haben an so
alltäglichen Dingen wie Blumen,
Vögeln und dem sorglosen Spielen der
Kinder.

Herr,
sei ein Freund und Vater denen,
die ich liebe. Segne sie.
Sei auch dann mit ihnen, wenn du
sie heimrufst in dein Reich.

Adalbert Ludwig Balling

Mit Enttäuschungen leben lernen

Immer wieder höre ich ältere Leute sagen: Ich hatte zahllose Enttäuschungen im Laufe meines langen Lebens; Enttäuschungen von Menschen, denen ich vertraut und viel Zeit geschenkt hatte; um die ich mich immer wieder sorgte und mühte. – Aber vielleicht habe auch ich sie gelegentlich enttäuscht, habe ihren Erwartungen nicht immer entsprochen – oder ich wurde ihnen sonst wie lästig.

Wenn so, dann sollten wir, statt enttäuscht und traurig und niedergeschlagen den Kopf hängen zu lassen, vielleicht ein paar Worte an Gottt richten:

Herr, barmherziger Gott, schenke mir Kraft, mit solchen und ähnlichen Enttäuschungen zu leben – ohne hartherzige Bitterkeit, ohne Grimmen und Grollen, ohne pauschal an den Menschen zu zweifeln oder gar zu verzweifeln.

Herr, heile die Wunden, die ich bei anderen hinterlassen habe – und segne alle, die mich mögen; auch jene, die meinen, ich sei ihnen gram. Segne alle, die oft und immer wieder gut zu mir waren und es immer noch sind.

Adalbert Ludwig Balling

Zur größeren Ehre Gottes

Keine Blume wächst auf der Wiese,
die nicht für dich blüht, Herr.
Kein Baum steht im Wald,
der nicht deine Größe preist,
Kein Stern funkelt am Himmel,
der nicht deine Weisheit lobt.
Keine Pflanze ist auf dem weiten Erdball,
die nicht deine Schönheit kündet.
Kein Vogel in der Luft,
der nicht deine Freude singt.
Keine Biene, die nicht deine Liebe rühmt.
Kein Sonnenuntergang,
der nicht deine Würde wahrnimmt.
Kein Windesrauschen,
das nicht deinen Geist ankündigt.
Herr,
kein Mensch, der nicht Grund hat,
dich zu lobpreisen.
Kein Engel, der nicht dir zu Ehren
ein Gloria singt.
Kein Kinderlachen, das nicht
dein Vertrauen vergrößert.
Kein Sünder, der nicht dankt
für deine Barmherzigkeit.
Herr, dir sei Preis und Ehre und Macht
in alle Ewigkeit!

Adalbert Ludwig Balling

Dankbarkeit und Ehrfurcht

Herr,
deine Liebe erfülle mein Herz.
Deine Güte bewege meine Taten.
Dein Friede wache über mich.
Deine Macht erhalte mich am Leben.
Dein Auge schaue auf mich immerdar.

Herr,
dein Wort sei mir Stütze und Halt.
Deine Hand schütze mich in allen Gefahren
des Leibes und der Seele.
Dein Erbarmen mache mich hellhörig
für meine Mitmenschen.

Herr,
deine Größe ermuntere mich zu Großzügigkeit.
Deine Weisheit lehre mich, Gutes zu tun.
Deine Freude sei mir Ansporn,
anderen Freude zu bereiten.

Herr,
deine Wege seien mir richtungsweisend.
Deine Treue sei mir Vorbild.
Deine Menschwerdung sei mir Anlass
zu stetem Dank.

Adalbert Ludwig Balling

Sende Sonnenschein und Regen

Herr,
sei denen nahe, die mich mögen;
beschütze sie, wenn sie unterwegs sind;
halte deine Vaterhände über sie,
wenn ihnen Gefahren drohen;
gib ihnen Erfolg bei ihren Mühen;
schenke ihnen Freude im Alltag;
mache sie dankbar.

Herr,
sende Sonnenschein und Regen denen,
die ich liebe; lass die Früchte in ihren
Gärten und auf ihren Feldern gedeihen.
Nimm dich auch der Tiere an;
erhalte sie gesund.
Lass aufgehen und wachsen, was gesät wurde;
lass reifen und zur Vollendung gelangen,
was in dir und durch dich seinen Anfang nahm.
Segne Menschen, Tiere und Pflanzen.

Herr,
vergiss die Kranken nicht;
steh bei den Gebrechlichen und Alten.
Schenke ihnen Linderung ihrer Schmerzen
und lass sie Freude haben an so alltäglichen
Dingen wie Blumen, Vögeln
und dem sorglosen Spielen der Kinder.
Sei ein Freund denen, die ich liebe.
Sei auch mit ihnen, wenn du sie heimrufst
in dein Reich.

Adalbert Ludwig Balling

Für die Katz – und andere Tierchen

Herr, meine Katze ist krank.
Sie liegt in den letzten Zügen.
Ich weiß, Katzen sind keine Menschen;
Katzen haben Krallen;
Katzen jagen Mäuse;
Katzen schmusen und schnurren,
fauchen und kratzen.
Dennoch, ich liebe mein Kätzchen.
Herr, wenn du willst, mach meine Katze
wieder gesund!
Nicht, damit sie noch mehr Mäuse finge;
nicht, damit sie mit Nachbars Kater einen Streit begänne;
nur – um mir weiterhin Freundschaft zu schenken
und ein wenig Freude an deiner Kreatur.

Herr, lass mich begreifen,
dass Tiere Zeichen deiner Liebe sind.
Lass mich verstehen,
dass meine Katze
und der Vogel meines Nachbarn
und der kleine Hund der alten Dame
und das Pony der Müllerskinder –
dass alle Tiere Geschenke deiner Güte sind;
dass wir mitverantwortlich sind
für diese deine Geschöpfe.

Herr, gib jedem Menschen,
wenn er Freude daran findet,
seinen Vogel, seine Katze, seinen Hund,
sein Pferd … gib uns Verständnis und
Liebe für alles Lebende.

Adalbert Ludwig Balling

Gott, dein guter Segen

Gott, dein guter Segen
ist wie ein großes Zelt,
hoch und weit, fest gespannt,
über unsre Welt.

Guter Gott, ich bitte dich:
Schütze und bewahre mich.
Lass mich unter deinem Segen
leben und ihn weitergeben.

Bleibe bei uns alle Zeit,
segne uns, segne uns,
denn der Weg ist weit,
segne uns, segne uns,
denn der Weg ist weit.

Altes Kirchenlied

Segnen bringt Segen

Liebender Gott –
lege deine schützende Hand auf mich
und segne mich.
Lass mich zum Segen werden für andere.
Vergiss meine Schwächen,
sieh hinweg über meine Fehler
und zähle mich stets zu den Deinen –
zu denen, die du beschützt und segnest.

Jesus Christus –
heile mich an Leib und Seele.
Heile meine leiblichen Gebrechen –
so wie du einst den Gelähmten geheilt hast –
und vergib mir.
Lehre mich, denen zu vergeben,
die mir Böses wünschen.
Und ermuntere mich täglich neu,
dass ich mitverantwortlich bin
für meine Brüder und Schwestern –
vor allem für jene, die leiden, hungern
oder verfolgt werden.
Lehre mich, alle Menschen zu achten
als deine Geschöpfe.

Herr –
ich Kleingläubiger bin oft
voller Ängste und Zweifel.
Mein Glaube hat Löcher,
er fließt ab wie Wasser durchs Sieb.
Mehre mein Vertrauen zu dir,
stärke meine Hoffnung,
lass mich wachsen in der Liebe.

Adalbert Ludwig Balling

Dein Segen schafft Brüderlichkeit

Herr, die Schöpfung
ist noch nicht zu Ende.
Du schaffst die Welt,
du schaffst die Menschen,
du schaffst die Brüderlichkeit
unter den Menschen.

Segne die Menschen,
die anderen Schwester und Bruder sind.
Segne die Eltern, die Lehrer, die Ärzte,
die Menschen in der Fabrik,
die Menschen im Büro.

Segne das Wasser,
das wir trinken oder weiterreichen,
segne das Essen,
das wir uns und anderen bereiten,
segne die Straßen und die Wälder,
segne die Sportler und die Zuschauer,
segne die Menschen,
die Einsamen und die Massen.

Dein Segen schafft Brüderlichkeit.
Segne auch mich!

Überliefert

Herr, schenke uns ein großes Herz

Es gibt so viele,
die heute enttäuscht werden.
Enttäuscht von Menschen –
auch von jenen,
die sie lieben …

Herr, gib uns die Kraft,
immer wieder neu zu hoffen,
immer wieder neu zu vertrauen,
immer wieder neu zu beginnen.

Schenke uns ein großes Herz,
das bereit ist
zu verzeihen,
zu vertrauen,
zu lieben –
täglich von Neuem.
Beglücke uns
mit deiner Liebe
und mit deiner Freude.
Nimm hinweg von uns
die Schatten des Lebens;
mache uns hell,
der Sonne zugewandt – dir,
dem Licht alles Lebenden.

Adalbert Ludwig Balling

Man kennt die, für die man betet

Als Klaus Hemmerle einige Zeit nach seiner Bischofsweihe eine der Abteien seines Bistums besuchte, begrüßte ihn die alte Äbtissin mit den Worten: „Ich kenne Sie gut!"

Bischof Hemmerle war überrascht und suchte in seinen Erinnerungen, vergebens. Da erläuterte die Äbtissin: „Wenn man so viel für einen betet, dann kennt man ihn!"

Priester und Ordensleute – so Hemmerle – hörten kaum eine andere Bitte so oft wie diese: „Beten Sie für mich!" Es gebe da so etwas wie ein Grundwissen, „dass der Beter nicht nur an seiner eigenen Stelle steht, sondern auch an der Stelle seines Nächsten" (vgl. Klaus Hemmerle: Dein Herz an Gottes Ohr. Einübung ins Gebet, Freiburg i. Br. ²1987).

Herr –
ich weiß es nur zu gut:
Viele bitten mich, ihrer Anliegen und Sorgen
im Gebet zu gedenken.
Ich tue es gerne und tue es täglich.
Ich bete für viele –
für jene, die mir nahestehen,
für jene, die mir begegnen,
für jene, die in Not sind,
für jene, die hassen
oder anderen Böses wünschen …

Ich bete für die vielen,
die ich nie kennengelernt habe,
aber doch zu kennen meine:
Ich bete für Papst und Bischöfe,
für Priester und Ordensleute,
für Politiker und Professoren,

für Forscher und Wissenschaftler –
für die Großen dieser Welt.

Ich bete aber auch für die Kleinen,
die Ungenannten, die Vergessenen,
die niemals im Fernsehen
oder in den Zeitungen erwähnt werden

Segne sie alle!
Gib ihnen Kraft und Mut und Ausdauer,
zu dem zu stehen, was ihr Gewissen ihnen sagt.

Adalbert Ludwig Balling

Lass uns ein Segen sein

Herr, segne uns,
lass uns dir dankbar sein,
lass uns dich loben,
solange wir leben,
und mit den Gaben,
die du uns gegeben,
wollen wir tätig sein.

Herr, sende uns,
lass uns dein Segen sein,
lass uns versuchen,
zu helfen, zu heilen
und unser Leben
wie das Brot zu teilen,
lass uns ein Segen sein!

Unbekannter Verfasser

Wer Gutes denkt, tut Gutes

Da schrieb mir jemand –
nach den üblichen Grüßen
und Segenswünschen zum Fest:
„Ich denke gerne an jene,
die gut zu mir waren.“

Gerne an jene denken,
die gut zu uns waren
oder gut zu uns sind –
das wäre ein wunderschönes
Motto fürs Leben!
Gerne und gut an jene denken,
denen wir begegnen,
die uns Gutes wünschen,
die uns wohl wollen.

Wer gerne an jene denkt,
die gut zu ihm sind,
verschenkt Gutes;
denn wer Gutes denkt,
tut Gutes!

Adalbert Ludwig Balling

Mut zur Freude

Herr,
lass Freude einkehren,
wo Trauer herrscht.
Schenke uns die Kraft,
denen beizustehen,
die mutlos sind;
denen zu helfen,
die am Ende ihrer Kräfte sind;
die aufzumuntern,
die keine Hoffnung mehr haben.
Gib uns Mut zur Freude!

Herr,
lehre uns,
uneigennützig zu sein,
selbstlos
und offenherzig.
Denn –
indem wir geben,
wird uns gegeben;
indem wir andere froh machen,
kehrt Freude in unsere Herzen ein;
indem wir lieben,
werden wir geliebt.
Gib uns Mut zur Liebe!

Herr,
du hast während deines Erdenlebens
frohe und glückliche Stunden erlebt.
Du hast Wasser in Wein verwandelt,
hast Brote und Fische vermehrt,

hast Menschen froh gemacht.
Lehre uns
Ausdauer im Guten.
Schenke uns Kraft,
auch die zu lieben,
die uns Böses wünschen.
Gib uns Mut zum Gutsein!

Herr,
du hast die Jünger von Emmaus
nach Hause begleitet;
du brachst mit ihnen das Brot;
du schenktest Freude,
Hoffnung,
Liebe.
Lass uns erkennen,
dass du immer dort bist,
wo zwei –
oder drei
in deinem. Namen versammelt sind.
Gib uns Mut zur Gemeinschaft!

Herr,
du wusstest dich geborgen
und getragen
in der Liebe des Vaters.
Er war die Quelle deiner Freude,
der Urgrund deines Frohseins,
die Kraft deines Vertrauens.
Lass uns wachsen
im gegenseitigen Vertrauen.
Gib uns Mut zur Zukunft!

Herr,
lass deine Freude überströmen
in die Herzen derer,
die uns nahestehen.
Beschütze sie
und begleite sie
auf allen ihren Wegen;
sei ihnen nahe.
Segne sie!

Adalbert Ludwig Balling

Gebet um Dankbarkeit

Dankbarkeit – so hat es ein
mittelalterlicher Kirchenvater formuliert –
sei eigentlich Demut
Gott gegenüber.

Wenn Dankbarkeit
eine Haltung der Demut ist –
der Dien- und Dank-Mutigen –,
dann sollte es nicht weniger
einleuchtend sein, dass wir uns öfters
dieser Haltung be-dienen.
Mit anderen Worten,
dass wir täglich neu
um diese Haltung der Dankbarkeit
beten.

Aus dem Altirischen stammt
– frei nachformuliert und ergänzt –
der folgende Gebetstext:

Herr,
erfülle mein Herz mit Liebe und Freude,
meinen Verstand mit klaren Gedanken
und guten Ideen,
meine Augen mit Lachen,
meine Ohren mit harmonischen Tönen,
mit Musik, die auch deine Engel lieben;
meine Hände mit Zärtlichkeit,
meine Arme mit Kraft und Elan,
meine Beine mit Schwung und
Hilfsbereitschaft,
meine Füße mit Tanz,
meinen ganzen Leib mit Wohlbehagen.

Herr,
mache mich dankbar
gegenüber deiner Schöpfung;
lehre mich die Dankbarkeit
der Einfachen und Bescheidenen;
segne mich auf allen meinen Wegen.

Adalbert Ludwig Balling

„Nun danket all und bringet Ehr,
ihr Menschen in der Welt!"

Paul Gerhardt

Wunder des Lichtes und der Sonne

Es bedarf eines Blinden,
um uns Sehende auf die Wärme
und die Strahlkraft der Sonne
aufmerksam zu machen.
Es bedarf eines Taubstummen,
um uns auf die Vorteile jener hinzuweisen,
deren Sinne gesund und normal funktionieren.
Es bedarf gelegentlich eines „Rippenstoßes“,
um uns die Wunder des Lichtes
und der Sonne bewusst werden zu lassen.

Herr,
du bist der Weg,
die Tür, die Wahrheit.
Du bist das Licht meines Lebens.
Hab Geduld mit meinen Schwächen.
Erbarme dich meiner,
wenn ich im Getriebe des Alltags
meine Dankbarkeit verliere.
Schenke mir Geduld mit deinen Geschöpfen
und Freude an deiner Welt.
Lass mich täglich neu erfahren,
dass du mir zur Seite stehst
und mir die Lampe hältst.

Herr,
schenke mir Stille und Einsicht –
und Freude an deinen Werken.
Lass mich deine Wunder sehen
und sie lobpreisen.

Lehre mich
Dankbarkeit und Bescheidenheit
angesichts deiner Werke.
Mach mich zum Werkzeug
deiner Hände.
Stelle mich unter deine Sonne
und nimm jene Schatten von mir.
die mich belasten.
Erweise dich als Freund und Vater
aller Menschen;
als Anwalt der Armen und Geknechteten;
als Leuchtturm für jene,
die im Düsteren tappen
und doch Lichtes suchen.

Adalbert Ludwig Balling

Unter deinem Schutz und Segen

Herr, du hast mich erschaffen.
Du hältst mein Leben in deinen Händen.
Du trägst mich von Ewigkeit her.
Du hast meinem Leben Sinn gegeben.
Du hast mich an der Hand geführt,
mich geleitet wie einen Blinden,
mich beglückt mit dem Segen deiner Hände.
Herr, leite und führe mich;
weise mir den Weg.
Ich möchte mich ganz dir überlassen,

deinen Vaterhänden;
deiner Weisheit,
deiner Güte, deiner Vorsehung.
Schütze und segne mich
alle Tage meines Lebens,

Adalbert Ludwig Balling

Herr, segne mich

Herr, segne meine Hände,
dass sie behutsam sind,
dass sie halten können,
ohne zur Fessel zu werden,
dass sie geben können ohne Berechnung,
dass ihnen innewohnt die Kraft zu trösten
und zu segnen.

Herr, segne meine Augen,
dass sie Bedürftigkeit wahrnehmen,
dass sie das Unscheinbare nicht übersehen,
dass sie hindurchschauen durch das
Vordergründige,
dass andere sich wohlfühlen können unter
meinem Blick.

Herr, segne meine Ohren,
dass sie deine Stimme hören,
dass sie hellhörig sind für die Stimme der Not,
dass sie sich verschließen für den Lärm

und das Geschwätz,
dass sie das Unbequeme nicht überhören.

Altes Segensgebet

Beten verbindet Zeit und Ewigkeit

Die Hoffnung und das gemeinsame Vertrauen auf Gottes Segen mögen euch begleiten.

Eure Türe stehe immer offen für jene, denen ihr wichtig und wertvoll seid. Die euch brauchen: eure Ratschläge, eure Bereitschaft zuzuhören, eure Fürsorge, eure Liebe.

Ihr möget weiterhin einander Gutes tun und immer wieder einander verzeihen.

Segnet die, die euch Gutes getan haben. Beten und Segnen verbindet die Zeit mit der Ewigkeit.

Wer betet, wird gesegnet.
Wer betet, hat Vertrauen in die Zukunft.

Adalbert Ludwig Balling

Herr, segne unser Leben

Herr, wir brauchen neue Augen füreinander,
Augen, die tiefer sehen, die offen sind für die Menschen.
Herr, wandle du unsere Augen.

Herr, wir brauchen ein neues Herz füreinander,
ein Herz, bereit zu weltweiter Verbundenheit und Gemeinschaft.
Herr, wandle du unser Herz.

Herr, wir brauchen eine neue Brücke zueinander,
eine Brücke, auf der wir einander begegnen können.
Herr, sei du unsere Brücke.

Herr, wir brauchen einen neuen Weg zueinander,
einen Weg, der uns gemeinsam handeln lässt.
Herr, sei du unser Weg.

Segne du unser ganzes Leben,
segne unser Denken und Planen, unser Handeln und Schaffen.
So segne uns Gott, der Vater und der Sohn und der Heilige Geist.

Quelle unbekannt

Gottes Segen ist für mich wie …

Zeichen des Versprechens, dass Gott
mich begleitet
Sinnbild meines Vertrauens auf Gott
Hoffnung auf Gottes Schutz
Ansporn zum Aufbruch
Verantwortung annehmen für mein
Handeln
Anerkennung meiner Grenzen
Mein Wissen, dass Gott mich liebt
Mahnung, nicht überheblich zu werden
Erinnerung, mich nicht zu überschätzen
Ansporn, bescheiden zu bleiben
Auftrag, in christlichem Sinn zu handeln
Verständnis zu haben, dass der Schöpfer
über allem steht
Erlernen der Demut im Leben
Ein Wegzeichen, um mich zu orientieren
Gottes Pfand in meiner Hand
Atemzug reiner Luft
Erfüllte Sehnsucht
Kraft für meinen Lebensweg
Ein Ja, dass mein Handeln Früchte trägt
Schutz und Kraft in Niederlagen
Gottes Ja zu meinem Humor, zu meinem Lachen
und zu meinem Trauern
Auftrag, selber Segen zu sein
Kraft für meine Fähigkeiten
Orientierung bei der Auswahl von vielen
Möglichkeiten
Ein Geschenk des Himmels

Ein Klima der Offenheit
Gottes Mitgefühl für mich
Ein Brausen des Sturmes
Ein Ja von Gott zu mir
Quelle für meine Lebensfreude
Urgrund meines Seins
Führende Hand in der Dunkelheit
Ansporn, Zweifel zu überwinden
Licht in dunkel scheinender Zukunft
Freisetzen von positiver Energie
Eine Hand, die mich streichelt
Gottes Zärtlichkeit
Eine Kraft, die mir Balance gibt
Die Hand eines Freundes
Reinhard Abeln

Die Bibel – ein Segensbuch

Das Alte und Neue Testament zeigt uns Gott als den Segensspender. Gottes segnendes Handeln beginnt mit der Schöpfung. Er schuf alles und er sah, dass es gut war.

Gott schuf auch den Menschen als Segen, als er sprach: „Seid fruchtbar und mehret euch." Die Menschen werden zu Ansprechpartnern Gottes – oder anders gemeint: Gott gibt dem Handeln des Menschen seinen Segen.

Ob wir als Menschen immer den Segen Gottes dankbar umsetzen, das ist eine andere Frage. Unser Handeln in der Welt zeigt dies deutlich: Mit all den Klimaveränderungen, mit all den Ernährungs- und Gesundheitsproblemen und Kriegswirren spricht das Tun der Menschen oft eine andere Sprache.

Wir handeln oft nicht zum Segen, unser Handeln wird und bleibt Fluch. Wie Liebe und Hass nahe Verwandte sind, so sind es auch Segen und Fluch.

Mit seinem Segen will uns Gott einbinden, für andere Segen zu sein. Und Menschen setzen dem all zu oft Habgier, eigenen Vorteil und menschenverachtenden Egoismus gegenüber. Unser Handeln ist so nicht mehr Verbundenheit, sondern Absonderung von Gottes Segensplan.

Gottes Segen soll uns bewusster machen, dass an Gottes Segen alles gelegen ist. Gottes Segen ist für uns Auftrag, segnend zu wirken, anzutreten gegen ungerechte Macht, Missverhältnisse und Ungerechtigkeit. In der Bibel sehen wir viele Stellen, die uns den Segen schenken.

Erinnern wir uns doch wieder öfter an Gottes schönstes Geschenk – seinen Segen für uns. Und denken wir stets daran, dass wir zum Segen für andere werden!

Reinhard Abeln

An Gottes Segen ist alles gelegen

Biblische Segensworte (Auswahl)

Der Segen des Vaters
festigt die Häuser der Kinder.

Jesus Sirach 3, 9

*

Der Segen des HERRN macht reich,
eigene Mühe tut nichts hinzu.

Sprichwörter 10,22

*

Er (Jesus) nahm die Kinder
in seine Arme;
dann legte er ihnen die Hände auf
und segnete sie.

Markus 10,16

*

Dann führte er (Jesus) sie
hinaus in die Nähe von Betanien.
Dort erhob er seine Hände
und segnete sie.
Und es geschah,
während er sie segnete,
verließ er sie
und wurde zum Himmel emporgehoben.

Lukas 8 24,50–51

Sein (Josefs) Land sei
vom HERRN gesegnet
mit Köstlichem des Himmels,
mit Tau, mit Grundwasser,
das in der Tiefe lagert,
mit Köstlichem
aus den Erzeugnissen der Sonne,
mit Köstlichem aus dem,
was jeden Monat sprießt,
mit dem Besten uralter Berge,
mit Köstlichem ewiger Hügel,
mit Köstlichem des Landes
und seiner Bewohner.
Die Gnade dessen,
der im Dornbusch wohnt,
komme über Josefs Haupt,
auf den Scheitel des Geweihten
aus seiner Brüder Schar.

Deuteronomium 33,15–16

*

Alle diese Segnungen werden
über dich (Mose) kommen
und dich erreichen,
wenn du auf die Stimme des HERRN,
deines Gottes, hörst:
Gesegnet bist du in der Stadt,
gesegnet bist du auf dem Land.
Gesegnet ist die Frucht deines Leibes,
die Frucht deines Ackers
und die Frucht deines Viehs,

der Wurf deiner Rinder
und der Zuwachs an Lämmern
und Zicklein.
Gesegnet ist dein Korb
und dein Backtrog.
Gesegnet bist du,
wenn du heimkehrst,
gesegnet bist du,
wenn du ausziehst.

Deuteronemium 28,2–6

*

Liebt eure Feinde;
tut denen Gutes,
die euch hassen!
Segnet die,
die euch verfluchen;
betet für die,
die euch beschimpfen!

Lukas 6,27–28

*

Vergeltet Böses
nicht mit Bösem
oder Schmähung mit Schmähung!
Im Gegenteil: Segnet, denn
dazu seid ihr berufen worden,
dass ihr Segen erbt.

1 Petrus 3,9

Gott erschuf den Menschen
als sein Bild,
als Bild Gottes erschuf er ihn.
Männlich und weiblich
erschuf er sie.
Gott segnete sie
und Gott sprach zu ihnen:
Seid fruchtbar und mehrt euch,
füllt die Erde
und unterwerft sie euch
und herrscht über die Fische des Meeres,
über die Vögel des Himmels
und über die Tiere,
die auf der Erde kriechen.

Genesis 1,27–28

*

Siehe, mein Sohn (Jakob) duftet
wie das Feld,
das der HERR gesegnet hat.
Gott gebe dir vom Tau des Himmels,
vom Fett der Erde,
viel Korn und Most.
Völker sollen dir dienen,
Nationen sich vor dir niederwerfen.
Sei Herr über deine Brüder.
Die Söhne deiner Mutter
sollen dir huldigen.
Verflucht, wer dich verflucht.
Gesegnet, wer dich segnet.

Genesis 27, 27–29

Gott, der Allmächtige,
wird dich (Jakob) segnen
mit Segen des Himmels von droben,
mit Segen tief lagernder Urflut,
mit Segen von Brust und Schoß.
Deines Vaters Segen übertrifft
den Segen uralter Berge.

Genesis 49,25–26

*

Man soll für ihn (Salomo)
allezeit beten,
jeden Tag für ihn Segen erflehen.
Im Land gebe es Korn in Fülle,
es rausche auf dem Gipfel der Berge.
Wie der Libanon sei seine Frucht,
sie sollen blühen aus der Stadt
wie das Gras der Erde.
Sein Name soll ewig bestehen,
solange die Sonne bleibt,
sprosse sein Name.
Mit ihm wird man sich segnen,
ihn werden seligpreisen alle Völker.

Psalm 72,15–17

Versag keine Wohltat dem,
der sie braucht,
wenn es in deiner Hand liegt,
Gutes zu tun!

Sprichwörter 3,27

V. Segenszeichen – das Jahr über

Advent/Weihnachten – Neujahr – Dreikönig – Muttertag – Kräuterweihe – Morgen-, Tisch- und Abendsegen – Namenstag - Geburtstag

Was geschieht –
es sei alles
gesegnet dir!

Friedrich Hölderlin

*

Sprich deinen milden Segen
zu allen unsern Wegen.
Lass Großen und auch Kleinen
die Gnadensonne scheinen.

Paul Gerhardt

Advent/Weihnachten

Freude erfüllt den Erdkreis

Gott wurde Mensch; ein hilfsbedürftiges Kind, geboren in einem Stall, weil in den Herbergen kein Platz war – nicht für einfache Leute vom Land; nicht für ärmlich Gekleidete.

Gott wurde Mensch; einer von uns, ohne dass die große Welt davon Notiz nahm, aber getragen und behütet von der Liebe seiner sorgenden Eltern.

An Weihnachten geschah das Wunder der Menschwerdung. Weihnachten wurde zum Fest der Freude und des Friedens für alle Menschen. Engel sangen aus vollen Kehlen: Frieden allen Menschen guten Willens!

Hirten auf den Fluren von Betlehem vernahmen als Erste die Botschaft vom Gotteskind, das in einer Krippe lag und von seiner Mutter Maria liebkost wurde. Einfache Schafhirten waren es, die der Aufforderung der Engel folgten und als Erste vor der Krippe niederknieten.

Freude über Freude erfüllte den Erdkreis, die Welt der Großen und Reichen und Mächtigen nahm es nicht wahr. Gott wurde einer von uns – in aller Stille und Verborgenheit.

Gott wurde Mensch, um uns nahe zu sein; um das Dunkel dieser Erde zu erhellen; um uns den Weg zu weisen – von hier nach dort; von der Erde zum Himmel.

Drei Weise – man nannte sie auch Magier, Sterndeuter und Könige – folgten einem winkenden Stern im Osten, bis sie das Gotteskind fanden, umhegt und liebkost von seiner Mutter Maria.

Mögest auch du Weihnachten erleben wie die Engel, die vom Himmel kamen, wie die Hirten, die bei den Schafen wachten; wie die Weisen, die dem Stern gefolgt waren – voller Staunen, voller Ehrfurcht, voller Dankbarkeit!

Adalbert Ludwig Balling

Gottes Liebe nahm Menschengestalt an

Gottes Freude erfüllte die Hirten
auf Betlehems Fluren.
Seine Engel sangen
den Lobpreis der Schöpfung.
Mit dem Kind von Betlehem
kam die Frohbotschaft in die Welt:
Wir sind Gottes Kinder,
Geschöpfe seiner Liebe,
Herolde des Friedens
und der Versöhnung.
Sei gesegnet,
du Kind des Allerhöchsten!

Adalbert Ludwig Balling

Weihnächtliche Wünsche

Weihnachten ist das Fest
der Zärtlichkeit Gottes:
Gott wurde Mensch,
damit wir Menschen
seine Liebe erfahren.

Ich wünsche dir
ein frohes und gnadenreiches Fest!
Ich wünsche dir Geborgenheit,
Heimat, Hoffnung, Zuversicht
und die Bereitschaft,

auch andere an deinem Glück
teilnehmen zu lassen.

Adalbert Ludwig Balling

Neujahr

Zum neuen Jahr

Möge das Jahr dich
mit seinen Geschenken beglücken:
mit den duftenden Blumen des Frühjahres,
der wärmenden Sonne des Sommers,
der reichen Ernte des Herbstes.
Der Winter aber schenke dir
die Zeit der Stille für deine Seele.

Irischer Segensspruch

*

Jeder Tag möge glückliche Stunden
dir schenken,
die das ganze Jahr dich begleiten.
Möge jeder Morgen dir Freude bringen
und jeder Abend Frieden.
Die Sorgen dagegen
sollen nur wenig sich mehren.

Irischer Segensspruch

*

Herr, schicke, was du willst,
ein Liebes oder Leides;
ich bin vergnügt, dass beides
aus deinen Händen quillt.

Wollest mit Freuden
und wollest mit Leiden
mich nicht überschütten!
Denn in der Mitten
liegt holdes Bescheiden.

Eduard Mörike

*

Mögest du
die reichen Lebenstage
in deinem Herzen
in Dankbarkeit bewahren.
Möge die Gabe der Liebe
von Jahr zu Jahr wachsen,
damit du alle, die dich umgeben,
mit Freude erfüllst.

Irischer Segensspruch

Glück suchen – Glück wünschen

Ob Glücksschweinchen oder Glücksklee, Kaminkehrer oder Feuerwerk – irgendwo geht es immer um Glück, um eine glückliche Zukunft, um Wohlbefinden, Gesundheit, Frieden für die kommenden Tage, Wochen und Monate.

Die Menschen hungern nach Glück; sie sehnen sich nach Sicherheit und Geborgenheit. Sie möchten am liebsten heute schon wissen, was morgen auf sie zukommt. Sie möchten die „bösen Geister" beschwören, ihnen den Wind aus den Segeln nehmen, sie „umstimmen", damit sie das drohende Unheil nicht geschehen lassen.

Die Sehnsucht der Menschen ist uralt. Der Wunsch nach Glück beseelt jeden Einzelnen. Jeder Einzelne aber muss sich immer wieder sagen lassen, dass es nur dann zu echtem Frieden und innerem Glück kommen kann, wenn er auch daran mitwirkt.

Das Glück und den Frieden finden nur jene, die willens sind, sich um sie zu mühen. Glück und Zufriedenheit sei nicht nur ein gegenseitiger Wunsch zum Beginn eines neuen Jahres; es sei das stete Streben jedes Einzelnen, verankert in der Überzeugung, dass gläubige Menschen letztlich niemals ganz unglücklich sind.

Adalbert Ludwig Balling

Gottes Liebe erfreue uns

Allmächtiger Gott, gesegnet sei uns allen der Eintritt in dieses neue Jahr. Wir haben dieses Jahr nicht gerufen, es ist zu uns gekommen.

Ewiger, du hast Tag und Nacht, Tage und Jahre gemacht; auch dieses neue Jahr hast du uns zugeführt …

Gott, du Alleinender, du weißt alles. Vor dir ist jede Finsternis wie Licht, tausend Jahre sind wie ein einziger Tag. Du weißt den Anfang, die Dauer und das Ende unseres Lebens. Du leitest uns durch alle Zeiten in die Ewigkeit …

Wir wissen nicht, was in diesem Jahre mit uns geschehen wird. Aber so viel wissen wir: Denen, die dich lieben, wird alles zum Guten. Und das ist genug. Wer dies versteht, der ist ruhig.

Vater, lass uns dieses Jahr mit deiner Liebe anfangen und alle Stunden dieses Jahres deiner Liebe treu bleiben.

Deine Weisheit regiere uns; deine Gnade erhalte uns; deine Liebe erfreue uns; deine Treue bewahre uns; deine Allmacht behüte uns!

Johann Michael Sailer

Lass dich segnen

Der Herr segne dich und behüte dich.
Er schaffe dir Rat und Schutz in allen Ängsten.
Er gebe dir den Mut, aufzubrechen und die Kraft,
neue Wege zu gehen.
Er schenke dir die Gewissheit, heimzukommen.
Der Herr lasse sein Angesicht leuchten über dir
und sei dir gnädig.
Gott sei Licht auf deinem Wege.
Er sei bei dir, wenn du Umwege und Irrwege gehst.
Er nehme dich bei der Hand
und gebe dir viele Zeichen seiner Nähe.
Er erhebe sein Angesicht auf dich
und gebe dir seinen Frieden.
Ganzsein von Seele und Leib.
Das Bewusstsein der Geborgenheit.
Ein Vertrauen, das immer größer wird
und sich nicht beirren lässt.
So segne dich Gott Vater, Sohn und Heiliger Geist.
Amen.

Aus dem Gebetsschatz der Kirche

Jedes Jahr ist ein neues Geschenk

Sei gegrüßt im neuen Jahr. Sei gesegnet das Jahr über.

Verbleibe in der Liebe derer, die dir nahestehen, und im Schutz dessen, der dich ins Leben geliebt hat.

*

Jedes Jahr kann zur Sternstunde werden. Jeder Augenblick kann eine Überraschung sein. – Ich wünsche dir für die kommenden Monate viele frohe und dankbare Sternstunden!

*

Wie fängt man ein neues Jahr an? Mit welchen Vorsätzen und Plänen? In wessen Namen? Und überhaupt – was ist schon *neu* am *NEUEN JAHR*? – Ich wünsche dir ein behutsames Vortasten, besinnliche Überlegungen – und dann, ein freudiges Jasagen zu dem, was auf dich zukommt. Ich wünsche dir viel Kraft – und den Schutz der heiligen Engel!

*

Zum Neuen Jahr wünsche ich dir Gesundheit für Leib und Seele, gute Gedanken, Freude bei der Arbeit und immer wieder die Heiterkeit des Herzens. Sei gesegnet das Jahr über!

*

Das Licht Gottes erleuchte deinen Alltag, die Harmonie der Schöpfung erfreue dein Herz, die Liebe der Menschen beglücke dich – vom ersten Tag des Jahres bis zum letzten.

Adalbert Ludwig Balling

Segenswünsche zum Neuen Jahr

Der Herr segne dich.
Dies sei mein Wunsch fürs neue Jahr:
Der Herr beschütze dich und behüte dich.
Er schenke dir Weisheit und Verstand,
Fröhlichkeit und Heiterkeit,
Ruhe und Sanftmut,
Geduld und Langmut.

Der Herr segne dich.
Dies sei mein Wunsch fürs neue Jahr:
Der Herr fülle deine Augen mit Klarheit
und mit Lachen dein Gesicht.
Er schenke deinen Ohren Wohlklang
und Harmonie.
Er fülle deine Nase mit Wohlgeruch,
deine Hände mit Zärtlichkeit,
deine Arme mit Kraft.

Der Herr segne dich.
Dies sei mein Wunsch fürs neue Jahr:
Der Herr gebe deinen Beinen Schwung.
deinen Füßen Ausdauer,
deinem Körper Elastizität,
deinem Leib Wohlbefinden.
Der Herr begleite dich
auf all deinen Wegen.

Der Herr segne dich.
Das sei mein Wunsch fürs neue Jahr:
Der Herr lasse dir Zeit zum Ausruhen
und Zeit zur Besinnung.

Der Herr möge dich begleiten und beschützen,
wo immer du auch seiest.
Der Herr schenke dir Freude und Humor –
in Fülle und ein Leben lang.

Der Herr segne dich heute –
und alle Tage deines Lebens.
Der Herr begleite dich immerdar.
Er halte seine schützende Hand über dich
und sende dir Rat und Hilfe
durch seine heiligen Engel.
Der Herr sei dir Licht und Sonnenstrahl
in Zeit und Ewigkeit.

Adalbert Ludwig Balling

Auf Engelsflügeln ins neue Jahr

Wann freuen sich die Engel ganz besonders? – Wenn wir Menschen einander lieben! – Wie sehen Engel aus? – Antwort: Wir wissen es nicht. – Wie sehen Engel nicht aus? – Antwort: Freudlos. Lieblos. Lichtlos. – Was tun die Engel, wenn sie sonst nichts tun? – Sie singen und tanzen zur Ehre Gottes und wünschen uns Gottes Schutz und Segen das Jahr über.

Beten, so hat jemand gesagt, bedeute, sich von den Engeln die Flügel ausleihen. – Wer mit den Engeln betet, dessen Gebetswünsche bekommen Flügel.

Ich wünsche dir einen wach- und aufmerksamen Engel: einen Engel, der deine Anliegen weiterreicht an Gottes Thron. Ich wünsche dir einen Schutzengel das Jahr über. Ich wünsche dir, dass Gottes Liebe dich allzeit *ein-engele!*

Adalbert Ludwig Balling

Danke für das Jahr, das war

„Töricht und zur Hoffnung geneigt,
wie der Mensch einmal ist,
meint er, ein deutlicher Einschnitt
in der Zeit wäre an sich schon
ein Fortschritt.
Als ob nicht jeder Morgen
ein Anfang wäre
und alle Tage Neujahr,
wenn man es so will?"
(NZ, Silvester 1947)

*

Gewiss, jeder Tag
könnte ein Neuanfang sein.
Jede Woche und jeder Monat auch.
Aber nun feiern wir mal das neue Jahr
an einem ganz bestimmten Tag.
Und dieser Tag sollte für jeden Menschen
ein Tag des Dankes sein –
des Dankes für vielerlei.
Keiner ohne Ausnahme könnte behaupten,
er habe keinen Grund zu danken.

Wir alle ver-danken vieles
in unserem Leben anderen Menschen –
Menschen, die uns behilflich waren,
Menschen, die uns Mut machten,
Menschen, die uns zur Seite standen,
auch dann, wenn alle anderen
uns alleinließen.

Du – wir alle – wollen Gott danken,
dass er uns liebt.
Daraus erwächst uns Zuversicht –
auch für das neue Jahr.

Daraus erwächst uns Mut,
uns immer wieder auf diese Welt einzulassen.
Daraus erwächst uns Kraft,
das Unvollkommene zu (er)tragen
und die Resignation zu verbannen.

Ich wünsche dir – uns allen –
die „Dynamik des Heiligen Geistes
und die Geduld der glaubenden
Hoffnung“ *(H.-R. Laurien).*

Adalbert Ludwig Balling

Humorvolle Neujahrswünsche eines Gemeindepastors

Ich wünsche mir für das neue Jahr:
einen großen Spiegel,
in dem jeder seine eigenen Fehler erkennen kann;
einen lauten Wecker,
um die vielen Sonntagsschläfer wachzurütteln;
einen Omnibus,
um die Daheimgebliebenen zur Kirche zu
befördern;
eine Rolltreppe,
um alle Türsteher nach vorne zu bringen;
recht viel Heftpflaster,
um so manche Zunge in Zaum zu halten;
ein Paket Brillen
für die Kurzsichtigen;
Nadeln und Zwirn,
um zerrissene Ehebande wieder zu flicken;
eine Laterne,
um manchem abends rechtzeitig heimzuleuchten;
einen Kühlschrank
für alle Hitzköpfe meiner Gemeinde;
mir selbst genügend Demut,
um der Versuchung solcher Wünsche
nicht zu erliegen;
allen aber ein Meer von Liebe
und Güte und Geduld,
um auch im neuen Jahr
Frieden miteinander zu haben.

Pfarreinachrichten, Bistum Hildesheim

An einem Neujahrsmorgen

… ging ein Bekannter von mir, Bürgermeister einer Landgemeinde, in schwermütigen Gedanken versunken spazieren. Er fragte sich, was wohl das neue Jahr bringe und ob nicht alle Anstrengungen, die Welt zum Guten zu verändern, vergeblich seien.

Er bestieg einen kleinen Aussichtshügel, auf dem ein Mann in mittleren Jahren soeben einer Schar junger Leute die Bergketten erklärte. Der Hügel war übersät mit altem Unrat, dazu mit Raketenhülsen aus der vergangenen Nacht.

Mechanisch begann sich der Bürgermeister zu bücken, bestärkt in seinen düsteren Überlegungen. Plötzlich löste sich die Gruppe auf, emsige Helfer verstreuten sich über den Hügel und binnen kurzem war das Gelände gereinigt bis zum letzten Papierschnitzel.

Der Anführer der Gruppe verbeugte sich sodann vor unserem Pessimisten und sagte mit einem Lächeln: „Wir danken Ihnen für Ihr gutes Beispiel!“

Da sei er, so berichtete mir der Bürgermeister, mit neuem Mut ins Tal hinabgestiegen. Das neue Jahr hatte einen Lichtblick …

Bischof Georg Moser

Segen für das neue Jahr

Das neue Jahr, Herr, hat nun angefangen.
Segne mich in allem, was kommt.
Voller Dank für deine Gegenwart sei die Zeit,
die du mir schenken willst.
Segne meine Augen, Gott,
damit ich dich lobe für das, was sie sehen.
Ich will segnen meine Nachbarn
und ihr Segen möge mir gelten.
Gib mir ein offenes Herz und Hände, die teilen,
und mache mich zu einem Segen
in deinem Namen.

Aus Irland

Alle guten Wünsche – das Jahr über

In einem Informationsblatt für Publizisten fand ich vor Jahren einmal einen sogenannten „Wünschekalender" – für jeden Monat des Jahres ein paar konkrete Wunschvorschläge. Hier leicht abgeändert:

Im *Januar* einen Schlitten (nicht nur für den „guten Rutsch") und einen Computer voller Ideen.

Im *Februar* ein zu bestellendes Feld und eine Tüte voller sinnvoller Fragen.

Im *März* Vogelgezwitscher und ein Notizbuch voller Anregungen.

Im *April* einen prächtigen Baum in Blüte, direkt vor dem Fenster, und einen Farbtopf voller geistreicher Experimente.

Im *Mai* viele Kuckucksrufe vom nahen Walde und einen Brutkasten voller Zukunftsgedanken.

Im *Juni* viele Schäfchenwolken am blauen Himmel sowie einen Krug gefüllt mit Freude und Heiterkeit.

Im *Juli* einen breitkrempigen Sommerhut und einen kühlen Kopf bei der Arbeit.

Im *August* eine Badewanne mit duftenden Kräutern und einen Koffer voller Erfolge.

Im *September* einen Garten für die Jahresernte und einen neuen Sack voller interessanter Neuaufgaben.

Im *Oktober* goldene Herbsttage und eine Vorratskammer gefüllt mit neuen Anregungen.

Im *November* wärmende Behaglichkeit am offenen Kamin und eine Scheune voller Erlebnisse.

Im *Dezember* Äpfel, Nüsse, Mandelkerne – und einen Baum voller guter Wünsche.

Adalbert Ludwig Balling

Der Haussegen an Dreikönig

Begonnen wurde das Dreikönigssingen der Sternsinger Anfang der 1960er-Jahre von Pater Paul Koppelberg, damals Chef des Missionswerkes der Kinder („Kinder-Missons-Verein") in Aachen. Das ist lange her. Heute weiß fast jedes Kind im deutschen Sprachraum, worum es geht. Damals war dem nicht so.

Ich kann mich noch gut erinnern, wie mir eine deutsche Ordensschwester im südlichen Afrika freudestrahlend erzählte, sie hätten einen dicken Scheck von einem Pater Koppelberg erhalten – zur Errichtung eines Behindertenheims für afrikanische Jungen und Mädchen. Deutsche Jugendliche hätten das Geld eigens für eingeborene Kinder gesammelt, indem sie an Dreikönig singend von Haus zu Haus gehend die Sammelbüchse vorzeigten. Ob ich den Pater in Aachen und seine Pläne kennte?

Damals kannte ich nur seinen Namen; später lernten wir uns persönlich kennen und schätzen. Heute braucht man niemandem mehr zu erklären, worum es beim Dreikönigssingen geht und wofür gesammelt wird.

Inzwischen macht sogar das Fernsehen in den Hauptnachrichten darauf aufmerksam; denn Helmut Kohl lud alljährlich eine Gruppe Sternsinger ins Kanzleramt nach Bonn ein, um vor laufenden Kameras seinen persönlichen Obolus abzugeben, erst in Bonn, dann in Berlin. Kanzlerin Angela Merkel hat diesen Brauch beibehalten.

Die Sternsinger überbringen den Segen „Christus mansionem benedicat" (Christus segne diese Wohnung!) meist singend in jedes Haus and sammeln gleichzeitig für notleidende Gleichaltrige in aller Welt.

Dieser Brauch geht auf die Erwähnung der Weisen (Magier,

Sterndeuter) im Neuen Testament zurück: Nach der Geburt Jesu in Betlehem kamen „Magier aus dem Osten“ und erkundigten sich bei König Herodes in Jerusalem nach dem „neugeborenen König der Juden“. Sie erklärten vor Herodes: „Wir haben seinen Stern gesehen und sind gekommen, ihm zu huldigen“ (Mt 2,1f.).

Aus den Magiern wurden im Mittelalter „die Könige Caspar, Melchior und Balthasar“ (C+M+B).

Die drei Magier (Könige) wurden schon frühzeitig als Heilige verehrt. Ihre Reliquien befinden sich seit 1164 im Dreikönigsschrein im Kölner Dom.

Schon im Mittelalter gab es sogenannte „Dreikönigsspiele“; hier liegen möglicherweise die historischen Ursprünge des heutigen Sternsingens.

Der Haussegen, den die jugendlichen Sternsinger weitergeben, veranschaulicht einmal mehr, was der Volksmund zum Sprichwort gemacht hat: „An Gottes Segen ist alles gelegen.“

Adalbert Ludwig Balling

Segne dieses Haus

Erfüll mit deinen Gaben,
Herr Jesus, dieses Haus!
Tod, Krankheit, Seelenschaden,
Brand, Unglück treib hinaus!

Lass hier den Frieden grünen!
Verbanne Zank, und Streit,
dass wir dir fröhlich dienen
jetzt und in Ewigkeit!

Volksgut aus Oberbayern

Wenn du deiner Mutter gedenkst …

Den Müttern in aller Welt
sei Dank gesagt.
Alle Mütter weltweit
haben es verdient,
dass sie wenigstens
einmal im Jahr
besonders angesprochen
und geehrt werden.
Es gibt keinen Menschen,
der nicht seiner eigenen Mutter
hin und wieder gedächte –
wenn noch am Leben,
dann persönlich auf je eigene Weise;
wenn bereits verstorben,
dann vielleicht an ihrem Grab
auf dem Friedhof.
Wer derer gedenkt,
die nicht mehr unter uns sind,
wer für sie betet
und ihnen Gutes wünscht,
verbindet Himmel und Erde …
Darum
danke Gott,
wenn deine Mutter noch lebt;
und segne ihr Grab,
wenn sie dich verlassen hat:
Vom Jenseits gedenkt sie deiner –
alle Tage deines Lebens.

Adalbert Ludwig Balling

Gottes Segen begleite dich

Liebe Mama,

zum Muttertag wünsche ich dir viel Liebes: Zufriedenheit im Alltag, Freude an deinen Enkelkindern, gute Nachbarschaft und – jeden Tag neu: Gottes Segen. Seine heiligen Engel mögen dich begleiten auf allen deinen Wegen. Und die Fürsorge und das Wohlwollen deiner Lieben sei mit dir allezeit.

Dein / Deine …

Adalbert Ludwig Balling

Ein Blumenstrauß aus Neuseeland

Ich weiß, viele Mütter leiden darunter: Sie haben mehreren Kindern das Leben geschenkt, haben sie in jungen Jahren begleitet und umsorgt, haben mitgeholfen, dass sie Höhere Schulen besuchen konnten und eine solide Berufsausbildung erhalten haben.

Und als sie flügge waren und auf eigenen Füßen stehen konnten, sind sie ausgezogen, vielleicht weit weg oder gar ausgewandert auf einen anderen Kontinent – und haben nur mehr selten etwas von sich hören lassen.

So war es mit der inzwischen alleinstehenden alten Mutter, nachdem ihr Mann, der Vater ihrer Kinder, an Krebs verstorben ist. Fortan fühlte sie sich noch einsamer, mitunter völlig alleingelassen, trotz der modernen Verständigungsmittel. So empfand sie vor allem an den hohen Festtagen, aber auch an ihrem Geburtstag sowie am Muttertag. Kopfschüttelnd murmelte sie dann: Dass sich niemand meldet!

Gewiss, sie haben alle so viel zu tun, aber für einen kurzen Anruf müsste es doch reichen! Oder warum tun sie es nicht?

So war es wieder einmal – am ersten Sonntag im Mai. Das alte Mütterlein saß in ihrem aus Weiden geflochtenen Armsessel und dachte über früher nach; damals, als die Kinder noch klein waren.

Diesmal blieben die Besuche ganz aus – und auch die Anrufe. Nicht einmal einen Blumenstrauß haben sie mir geschickt, dachte sie bei sich. Hatte denn niemand an sie gedacht? Oder feiert man heutzutage vielleicht gar keine Muttertage mehr!?

Nein! Kein Anruf und kein Blumenstrauß! – Oder hat sie sich am Ende mit dem Termin vertan? – Sie will im Kalender nachschauen, findet ihn aber nicht an der Wand, wo er normalerweise immer hängt. Sie schüttelt den Kopf und setzt sich wieder. Schade, denkt sie – und grübelt weiter, bis ihr die Tränen kommen.

Sie erschrickt, als die Hausglocke läutet, springt auf, stolpert und knallt äußerst ungünstig auf den Boden. Als Nachbarn sie am späten Abend finden, sind Wiederbelebungsversuche umsonst.

Eine Woche später traf via Fleurop aus Neuseeland ein Blumenstrauß ein – zum Muttertag! Die alte Dame hatte sich um eine Woche vertan …

Die Nachbarn legten den Strauß der Verstorbenen in den Sarg – und meinten im Nachhinein, die Tote habe mit einem leisen Lächeln reagiert.

Adalbert Ludwig Balling

Kräuterweihe – und die Heilkräfte der Natur

Zwar sagten schon die alten Römer, gegen den Tod sei kein Kraut gewachsen, aber auch sie wussten um die Heilkraft bestimmter Kräuter.

Im christlichen Brauchtum haben sich seit dem frühen Mittelalter Riten entwickelt, die eine starke Naturverbundenheit mit tiefgläubigem Gottvertrauen verbinden, zum Beispiel die Weihe des Gewürzbüschels am Tag der Aufnahme Mariens in den Himmel.

Erste Anweisungen dazu finden sich schon in der *legenda aurea*. In einem Segensgebet aus dem 10. Jahrhundert heißt es: „Erfülle, Herr, diese Kräuter mit heilsamen Segen. Jedem Kranken seien sie Arznei für den Leib und Kraft für die Seele …"

Das Marienfest fällt in den Hochsommer; die Wiesen stehen voller Kräuter; die Getreideernte ist weithin eingebracht und das Futter für die Tiere. Mit der Kräuterweihe erfolgt indirekt auch ein gewisses Dankeschön für die Ernte. Bevorzugte Kräuter für diese Weihe sind: Johanniskraut, Wermut, Königskerze, Tausendgüldenkraut, Eisenkraut, Thymian, Hasenklee, Baldrian – und natürlich auch Gerste, Hafer, Weizen und Roggen.

In vielen europäischen Regionen werden die geweihten Kräuter zu Hause dem Viehfutter beigemischt; oder, auf glühende Kohlen gelegt, im Stall kranker Tiere verbrannt. Mancherorts hängt man die Kräuterbüschel in Wohnhäusern, Scheunen und Ställen auf – gegen Blitzschlag. Oder man legt sie in die Särge der Verstorbenen.

Wie immer man diesen alten Brauch deutet, er ist auch eine leise Mahnung an unsere Zeit: die Schöpfung zu achten und zu wahren.

Adalbert Ludwig Balling

Es wolle mich nun segnen

Es wolle mich nun segnen
Gott Vater, Sohn und Heilger Geist.
Herr, was mir soll begegnen,
das mache, wie du willst und weißt.

Dresden 1767

Gott segne meine Taten

Gott will ich lassen raten,
denn er all Ding vermag.
Er segne meine Taten
an diesem neuen Tag.

Ihm hab ich heimgestellt
mein' Leib, mein Seel, mein Leben
und was er sonst gegeben;
er mach's , wie's ihm gefällt.

Georg Niege (1525–1588)

In Gottes Namen steh ich auf

In Gottes Namen steh ich auf.
Herr Jesus, leite meinen Lauf,
begleite mich mit deinem Segen,
behüte mich auf allen Wegen!

Überliefert

Segne den neuen Tag

Herr, unser Gott,
du hast deinen Sohn Jesus Christus
als Licht in die Welt gesandt,
um die Finsternis zu vertreiben
und die Nacht in Tag zu verwandeln.
Segne diesen neuen Tag
und erfülle unser Herz
mit dem Licht deiner Gnade!
Durch Christus, unseren Herrn.

Reinhard Abeln

Dank für die Nacht

O Gott, du hast in dieser Nacht
so väterlich für mich gewacht,
ich lob und preise dich dafür
und dank für alles Gute dir.

Bewahre mich auch diesen Tag
vor Sünde, Tod und jeder Plag,
und was ich denke, red und tu,
das segne, bester Vater, du!

Überliefert

Dein Segen sei mit mir

Vater im Himmel,
ich danke dir durch Jesus Christus,
deinen Sohn,
dass du mich in dieser Nacht
vor allem Schaden
und vor aller Gefahr behütet hast.
Ich bitte dich,
behüte mich auch diesen Tag
vor Sünde und allem Bösen,
dass dir mein Tun und Leben gefalle!
Ich befehle mich,
meinen Leib und meine Seele
und alles in deine Hände.
Sei mit deinem Segen bei mir,
dass ich mein Leben bestehe!

Nach Martin Luther

Segne diesen Tag

Gott, ich danke
für diese Minuten der Stille am Morgen.
Lass mich für einen Augenblick durchatmen
und Kraft schöpfen,
bevor ich meinen anstrengenden Alltag
mit seinen vielen Anforderungen beginne.

Ich will Klarheit gewinnen
über das, was auf mich zukommt:
Wovor habe ich Angst?
Welche Entscheidung macht mir Kopfschmerzen?
Welchen Menschen werde ich begegnen,
was erwarten sie von mir?
Bitte sei du an meiner Seite.

Hilf mir,
den vor mir liegenden Tag
klarer und bewusster in die Hand zu nehmen,
liebevoller und gerechter auszufüllen,
gelassener und zufriedener zu erleben.
Lass diesen Tag gesegnet sein.

Reinhard Abeln

Segen für den neuen Tag

Ein neuer Tag erwacht, ich starte ins Leben, in den Alltag.
Ich bitte dich, Gott, um deinen begleitenden Segen.

Segne mich mit Wohlwollen,
damit ich den Mitmenschen unterstützend begegnen kann.

Segne mich mit Liebe,
damit ich andern Menschen achtungsvoll begegnen kann.

Segne mich mit Humor,
damit ich andern Menschen fröhlich begegnen kann.

Segne mich mit Offenheit,
damit ich andern Menschen vorbehaltlos begegnen kann.

Segne mich mit dem Glauben an das Gute,
damit ich den Mitmenschen bestärkend begegnen kann.

Segne mich mit Freundlichkeit,
damit ich andern Menschen aufmunternd begegnen kann.

Segne mich mit Verständnis,
damit ich andern Menschen nachsichtig begegnen kann.

Segne mich mit deiner Kraft,
damit ich überall selber Segen sein kann.

Reinhard Abeln

Ich preise dich

Ich preise dich, du Vater mein,
an diesem neuen Morgen.
Die große, weite Welt ist dein,
für alles willst du sorgen.

Weiß nicht, was dieser Tag mir bringt.
Führ mich an deinen Händen
und segne mich, dass es gelingt,
mein Werk gut zu vollenden.

Überliefert

Segne diesen Tag

Guter Gott, segne diesen Tag
und hilf mir,
dass ich alles Schöne so erlebe
und alles Schwierige so erfülle,
wie es dir gefällt! Amen.

Reinhard Abeln

Bitte um einen guten Tag

Ich hab so gut geschlafen
die ganze lange Nacht.
Du, lieber Gott im Himmel,
hast mich so gut bewacht.
Hilf mir nun und steh mir bei,
dass der Tag gesegnet sei!

Überliefert

Gelobt sei Gott

Gelobt sei Gott, des Vaters Macht,
gelobt sei seine Treue.
Er schenkte eine gute Nacht,
er schenkt den Tag aufs Neue.

Lass deinen Segen auf mir ruhn
an allen meinen Tagen.
Und lehre mich, das Gute tun,
nach deinem Willen fragen.

Überliefert

Der neue Tag bricht an

Der neue Tag bricht an.
Die Nacht ist nun vergangen.
Herr, alles, was ich kann,
will ich mit dir anfangen.

Den Menschen helfen alle Zeit,
den Frieden lieben, nicht den Streit.
Auf allen guten Wegen,
Herr, hilf mit deinem Segen!

Überliefert

Segen und Geschenk

Lieber Vater im Himmel, sprich
dein Wort des Segens über mich,
auf dass ich gut den neuen Tag
beginnen und auch enden mag.

Was du mir heute, Gott, bestimmst,
was du mir gibst, was du mir nimmst,
Glück oder Weh, es gelte mir
als Segen und Geschenk von dir.

Überliefert

Ich bitte dich, Gott

Lieber Gott, ich bitte dich,
schau an diesem Tag auf mich!
Was ich denke, rede, tu,
gib deinen Segen mir dazu!

Überliefert

Bleibe mir zur Seite, Herr

Lass mich aufstehen mit deinem Segen
und unter deinem Schutz meinen Weg gehen!
Christus, durch mich zeige den Menschen,
was deine Kraft und Güte vermag!
Bleibe mir zur Seite, stehe mir bei!

Walther von der Vogelweide (1170–um 1230)

In dieser Morgenstunde

Zu dir, o Gott,
erwache ich in dieser Morgenstunde.
Das erste Wort,
das meine Zunge ausspricht, ist:
Gott, mein Vater!
Meine erste Freude ist,
dass du bist und dass du mein Vater bist.

Von dir ist alles Gute, das ich bin und habe.
Wessen sollte ich sein,
wenn ich nicht dein wäre?
Alles ist dein Werk,
darum sei alles zu deiner Verehrung geheiligt.
Alles, was ich bin und habe,
sei nur dazu tätig,
deinen Willen zu erfüllen.
Vater, dein bin ich heute und allezeit.
Dein Wille geschehe an mir
und an allem, was mein ist.
Vater, segne meinen Vorsatz,
den ich jetzt in dieser Morgenstunde
vor deinem Angesicht gefasst,
dass ich am Abend
nichts zu bereuen habe!

Johann Michael Sailer (1751–1832)

Schenk mir deinen Segen

Lieber Gott, für diese Nacht
sei dir Lob und Dank gebracht.
Begleit mich heut auf meinen Wegen
und schenk mir allzeit deinen Segen!

Überliefert

Segne den neuen Tag

Die lange Nacht ist nun vorbei,
die Sonne strahlt und leuchtet neu.
Von Herzen gern
will ich dem Herrn
den neuen Tag nun schenken.
Er mög mich segnen und lenken.

Überliefert

Hilf mit deinem Segen

Der neue Tag bricht an.
Die Nacht ist nun vergangen.
Herr, alles, was ich kann,
will ich mit dir anfangen.

Den Menschen helfen allezeit,
den Frieden lieben,
nicht den Streit.
Auf allen guten Wegen,
Herr, hilf mit deinem Segen!

Überliefert

Gott segne dich

Gott segne dich,
wenn du des Morgens aufstehst,
noch bevor es dir gelingt,
dich über den Tag zu ärgern
oder dich vor ihm zu fürchten.

Gott segne dich
mitten im Trubel des Tages,
wenn du gar nicht dazu kommst,
an ihn zu denken.

Gott segne dich an Abend,
wenn er die Schatten des Tages
von dir nimmt, noch bevor sie sich
in deine Träume schleichen.

Gott segne dich,
wo immer du gerade gehst und stehst,
lachst oder weinst,
glänzt oder versagst.

Gott segne dich in allem,
was du tust und lässt.

Reinhard Abeln

Alles trage ich vor dein Angesicht

Gott, du bist so wundervoll
bei mir gewesen
alle Tage meines Lebens.
Du wirst mich auch in Zukunft
nicht verlassen.

Lass mich meinen Weg nicht gehen,
ohne an dich zu denken!
Lass mich alles
vor dein Angesicht tragen,
um dein Ja zu erfragen
und deinen Segen für jedes Tun!

John Henry Newman

Ich bitte um deinen Segen

Herr, segne, die mir lieb sind,
alle, denen ich versprochen habe,
an sie zu denken,
jeden, der krank ist
oder schweres Leid zu tragen hat,
die mich verletzt haben,
und die, denen ich wehgetan habe …
Herr, segne auch mich!

Reinhard Abeln

Darauf vertraue ich

Guter Gott,
du bist bei mir gewesen
alle Tage meines Lebens.
Ich vertraue darauf,
dass du mich auch in Zukunft
nicht verlassen wirst.
Ich bitte um deinen Segen
für alles, was ich tue,
für die Menschen,
die für mich sorgen,
und auch für die,
um die ich mir Sorgen mache.

Reinhard Abeln

Dein Name werde gelobt

Dein Name werde gelobt,
nicht der meine!
Dein Werk werde verherrlicht,
nicht das meine!
Dein heiliger Name werde gepriesen
und alles Lob, das die Menschen
mir zusprechen, bleibe nicht bei mir;
denn du bist mein Ruhm.
Du bist die Freude meines Herzens.
In dir will ich mich rühmen
und mich freuen den ganzen Tag.

Wenn ich mich meiner rühme,
so will ich mich
meiner Schwachheit rühmen.

Thomas von Kempen

In der Arbeit, in der Ruh

Denk du in mir, o Jesus,
dann denk ich licht und klar!
Sprich du aus mir, o Jesus,
dann sprech ich mild und wahr!

Wirk du in mir, o Jesus,
gerecht ist dann mein Tun,
gesegnet meine Arbeit,
gesegnet auch mein Ruh'n.

Erfüll mein ganzes Wesen,
durchdring mein ganzes Sein,
dass man aus mir kann lesen
die große Liebe dein!

Überliefert

Reicher Segen

Der ganze Tag wird froh und gut,
wenn reicher Segen auf ihm ruht.

Überliefert

Danke für jeden Tag

Gott, ich danke dir,
dass du mich segnest.
Ich danke dir für Jeden Tag
meines Lebens.

Reinhard Abeln

Segne diesen Tag

Herr, segne diesen Tag
und halte deine segensreiche Hand
über mich und alle,
die mich mögen.

Reinhard Abeln

Gib mir deinen Segen

Gott, am heutigen Tag
danke ich dir,
dass du mich liebst.
Du hilfst mir mit deiner Liebe,
zu den Menschen gut zu sein.
Gib mir die Kraft,
in Gemeinschaft mit dir zu leben,
anderen zu helfen
und ihnen Freude zu machen.
Dazu gib mir deinen Segen!

Reinhard Abeln

Gott, schenke mir deinen Segen

Wie du durch viele lange Jahre
mich beschützt hast bis hierher,
so bitt ich heute: Du bewahre
mir deine Gnade mehr und mehr.

Du mögest für mein künft'ges Leben
mir Kraft, Gesundheit, frohen Mut
und deinen reichen Segen geben
als meines Lebens höchstes Gut.

Überliefert

Alles wandelst du in Segen

Herr, wir wollen diesen Tag
ganz in deine Hände legen.
Was er uns auch bringen mag,
alles wandelst du in Segen.
Lass in allem, was wir tun,
unsre Augen auf dir ruhn.

Überliefert

Tischsegen

Herr, segne uns und deine Gaben

Herr, segne uns und deine Gaben,
die wir von deiner Güte
nun empfangen werden!
Darum bitten wir durch Christus,
unsern Herrn.

Überliefert

Komm, Herr Jesus, sei unser Gast

Komm, Herr Jesus, sei unser Gast
und segne, was du uns bescheret hast!

Überliefert

Wir leben von deinen Gaben

Vater, wir leben von deinen Gaben.
Segne das Haus, segne das Brot!
Lass uns von dem, was wir haben,
anderen geben, in Hunger und Not!

Überliefert

O Gott, von dem wir alles haben

O Gott, von dem wir alles haben,
wir preisen dich für deine Gaben.
Du speisest uns, weil du uns liebst,
so segne auch, was du uns gibst!

Überliefert

Von deiner Gnade leben wir

Von deiner Gnade leben wir
und was wir haben, kommt von dir.
Drum sagen wir dir Dank und Preis.
Tritt segnend ein in unsern Kreis!

Überliefert

Aller Augen warten auf dich

Aller Augen warten auf dich, o Herr,
du gibst uns Speise zur rechten Zeit.
Du öffnest deine Hand
und erfüllst alles, was lebt, mit Segen.

Überliefert

Herr, segne uns

Herr, segne uns und diese Gaben,
die wir von deiner Güte empfangen,
durch Christus, unsern Herrn.

Überliefert

Segne unser Mahl

Ewiger Vater, segne unser Mahl
und gib, dass wir Essen und Trinken
mit Dankbarkeit zu uns nehmen
und in deiner Liebe bleiben
durch Christus, unseren Herrn.

Überliefert

Danke für alle Liebe

Herr, wir danken dir für das Essen
und für die Liebe der Menschen,
die es zubereitet haben.
Segne alle, die sich um das Wohl
ihrer Mitmenschen kümmern!

Reinhard Abeln

Hilf uns lieben, o Gott

Du lässt alles reichlich wachsen,
nur von dir kommt unser Brot.
Hilf uns teilen, hilf uns lieben!
Segne, uns dabei, o Gott!

Überliefert

Wir leben von deinen Gaben

Vater, wir leben von deinen Gaben.
Segne das Haus, segne das Brot!
Lass uns von dem, was wir haben,
anderen geben, in Hunger und Not!

Überliefert

Gelobt sei deine Treue

Gelobt sei deine Treue,
du Vater aller Gnad,
die heute uns aufs Neue
so reich gesegnet hat.

Du gibst allzeit hienieden
uns unser taglich Brot.
O segne uns mit Frieden
im Leben und im Tod.

Überliefert

Segne unser Essen

Segne, Vater, unser Essen,
segne, was du uns jetzt schenkst!
Danke, dass du bei uns bist,
dass du immer an uns denkst!

Überliefert

Du sättigst alle

Über Felder, Stadt und Land
hältst du segnend deine Hand,
sättigst alle, Groß und Klein.
Gott, ich will dir dankbar sein.

Überliefert

Gib uns täglich unser Brot

Herr, gib uns täglich unser Brot,
segne Speise und Rast!
Sei in Freude und in Not
unser Herr und Gast!

Überliefert

Zu unserer Freude

Herr des Himmels und der Erde,
segne unser Essen,
das aus den Gaben deiner Schöpfung
für uns bereitet worden ist.
Es werde uns zur Freude
und zum Leben.

Reinhard Abeln

Aus Gottes Hand

Alle Augen hoffen
auf die Hand des Herrn.
Sie steht immer offen,
denn sie segnet gern.

Hält auch Jetzt uns allen
hier den Tisch bereit,

Herr, lass dir gefallen
unsre Dankbarkeit!

Überliefert

Darum bitte ich

Gott, segne diese Speisen!
Lass sie uns froh und dankbar essen.
Segne die Menschen, die sie
für uns bereitet haben:
Sei du ihr Lohn!
Darum bitten wir durch Christus,
unsern Herrn.

Reinhard Abeln

Der Herr, der uns gibt

Der Herr, der uns gibt,
uns alle so liebt.
Für Speis und Getränk
den Segen uns schenk!

Überliefert

Segne uns, Gott

Gütiger Gott, dankbar nehmen wir,
was du uns gibst.
Segne uns und lass uns zum Segen
für andere werden!

Überliefert

Segne, Vater, unser Essen

Segne, Vater, unser Essen.
Lass uns Neid und Hass vergessen,
schenke uns ein fröhlich Herz.

Leite du so Herz wie Hände,
führe du zum guten Ende
unsre Freude, unsern Schmerz!

Überliefert

Wir bitten um deinen Segen

Segne, Herr, uns und dieses Mahl,
das wir aus den Gaben deiner Schöpfung
bereitet haben,
auf dass uns Lebensfreude und Kraft
daraus erwachse.

Segne unsere Tischgemeinschaft,
damit aller Unfriede fernbleibe von denen,
die in Liebe zusammenwohnen.

Überliefert

Guter Gott, segne uns

Guter Gott, diese Speisen
sind Nahrung für unsern Leib;
kräftige auch unsern Willen
zu der Bereitschaft,
das Gute zu tun.
Herr, segne uns!

Überliefert

Segne diese Gaben

Du gibst uns Speis' und Trank
und alles, was wir haben.
Nimm, Vater, unsern Dank
und segne diese Gaben.

Überliefert

Kurzgebete

Segne, Vater, was wir essen,
lass uns deiner nicht vergessen!

Segne, Vater, diese Speise,
uns zur Kraft und dir zum Preise!

Segne unsere Speise hier,
guter Gott, wir danken dir.

Segne, Herr, was deine Hand
uns in Gnaden zugewandt.

Überliefert

Abendsegen

Da nun der Tag vergangen ist

Da nun der Tag vergangen ist,
so bitten wir dich, Jesu Christ:
Sei, wenn es dunkelt, unser Licht,
dann schlafen wir voll Zuversicht.

Was wir verkehrt und falsch getan,
das rechne nicht als Sünde an;
lösch es in deiner Liebe aus!
Herr, segne uns und dieses Haus!

Überliefert

Schütze und segne alles

Lieber Gott,
schütze und segne alles,
was Odem hat!
Bewahre es vor allem Übel
und lass es ruhig schlafen.

Albert Schweitzer (1875–1965)

Dank sei dem Herrn

Dank sei dem Herrn, sein Segen
hat alles wohl gemacht.
Lasst uns zur Ruh nun legen,
Gott schenk uns gute Nacht!

Überliefert

Für alle, die es schwer haben

Wache du, Herr, mit denen,
die wachen oder weinen in dieser Nacht!
Hüte deine Kranken!
Lass deine Müden ruhen!
Segne deine Sterbenden!
Tröste deine Leidenden!
Erbarme dich deiner Betrübten
und sei mit deinen Fröhlichen!

Aurelius Augustinus (354–430)

Dein ist das Dunkel der Nacht

Herr, du hast uns geschaffen
und unser Herz ist unruhig,
bis es Ruhe findet in dir.

Dein ist das Licht des Tages.
Dein ist das Dunkel der Nacht.
Das Leben ist dein und der Tod.
Ich selbst bin dein und bete dich an.

Lass mich ruhen in Frieden,
segne den kommenden Tag
und lass mich erwachen,
dich zu rühmen!

Aurelius Augustinus

Deinem Segen verdanke ich den Tag

Vater,
mit dankbarem und demütigem Herzen
erscheine ich wieder vor dir
am Schlusse dieses Tages.
Danken möchte ich dir für alle Wohltaten,
die ich von deiner Huld
empfangen habe.
Deinem Segen verdanke ich
alle gute Arbeit
und allen Erfolg dieses Tages.
Jede Gelegenheit, Gutes zu tun,
jeder Antrieb zum Rechten,
jeder Sieg über mich selbst,
jeder Gedanke an deine Allgegenwart,
Vater,
jeden Blick auf das Beispiel
und die Liebe deines Sohnes,
meines Herrn Jesus Christus –
alles ist deine Gabe.

Johann Michael Sailer

Segne und behüte mich

Es segne und behüte mich
der allmächtige und barmherzige Gott,
der Vater, der Sohn
und der Heilige Geist!

Überliefert

Abendgebet der Kinder

Segne, Vater, mich am Abend,
segne du das Herze mein!
Segne Vater und die Mutter,
segne die Geschwister mein!

Segne, die uns sind verwandt,
segne alle Leut im Land!
Segne uns in allen Dingen,
wollst uns in den Himmel bringen!

Überliefert

Die Sonne eilt dem Westen zu

Die Sonne eilt dem Westen zu
auf ihrer vorbestimmten Bahn,
rasch senkt der Abend sich herab
und hüllt die Welt in Dunkelheit.

Wir flehn zu dir, o höchster Herr,
ermüdet von des Tages Last:
Mit deinem Segen nehme uns
die Nacht in ihre Ruhe auf.

Aus dem Stundenbuch (7./8. Jh.)

Nun sich der Tag geendet

Nun sich der Tag geendet,
mein Herz zu dir sich wendet
und danket inniglich;
dein holdes Angesichte
zum Segen auf mich richte,
erleuchte und entzünde mich!

Gerhard Tersteegen (1745)

Segne uns, Herr

Wir danken dir,
dass wir unter deinem Schutz
vor allem Unglück bewahrt geblieben sind.
Segne uns, Herr,
dass dein Name und Gedächtnis
in unserm Herzen bleibe,
und erfülle diesen Abend
mit deinem Nahesein.

Unbekannter Verfasser

Gott, segne mich

Gott, segne mich,
wenn der Tag zu Ende geht.
Gott, segne mich,
wenn die Sonne aufgeht.
Gott, segne mich,
wenn ich lache und wenn ich weine.
Gott, segne mich
mein ganzes Leben lang.

Nach einem irischen Segen

In Gottes Segen ruhn

Und wieder geht ein Tag zu Ende,
ich leg ihn dir, Herr, in die Hände.
Nimm an, was gut war, froh und recht,
nimm weg, was bös war, traurig, schlecht.
Ich möcht in deinem Segen ruhn
und morgen wieder Gutes tun.

Überliefert

Alles liegt an Gottes Segen

Gott segne dich
mit einem offenen Herzen,
dann werden deine Augen die Nöte
der anderen sehen
und deine Hände freigebig sein.

Gott segne dich
mit guten Worten,
die in den Herzen anderer
aufgehen können
als eine gute Saat.

Gott segne dich
mit Dankbarkeit darüber,
dass er dir jeden Tag
einen neuen Anfang schenkt.

Sei gesegnet
unter dem Gedanken:
Heute ist dein Tag.
Achte gut auf diesen Tag
und auf die Menschen,
die dir begegnen.

Gott segne
deinen Sinn für Gott,
damit du seine Zärtlichkeit
und seine Liebe erfahren kannst.

Gott segne dich
mit seiner Nähe,
damit du deine Mitmenschen
nicht vergisst.

Reinhard Abeln

Zum Namenstag alles Liebe und Gute

Der Name, den man dir bei deiner Geburt (bei deiner Taufe) gegeben hat, ist ein Programm und eine Aufforderung, so zu leben, dass jene, die dich beim Namen rufen, Freude an dir haben mögen – und dafür dankbar sind, dass es dich gibt.

Gib deinem Namen Farbe; gib ihm Inhalt und Werte! Sorge dafür, dass dein Name seinen guten Klang behält!

Bitte Gott, den Allmächtigen, dich zu segnen und zu beschützen – und dir die Kraft zu geben, denen beizustehen, die sich um Frieden und Versöhnung mühen.

Adalbert Ludwig Balling

Namenstag

Gebet zum Namenspatron

Liebe(r) heilige(r) …,
seit der Taufe darf ich deinen Namen tragen;
darüber freue ich mich:
Du hast vielen Menschen in deinem Leben
ein gutes Beispiel gegeben.
Für viele bist du ein großes Vorbild geworden.
Du hast dich immer darum bemüht,
nur das zu tun, was Gottes Wille ist.
Hilf mir, dass auch ich erkenne,
was Gott von mir will!
Vor allem aber – und das ist noch wichtiger –
steh mir bei, dass ich es auch tue!

Reinhard Abeln

Geburtstag

Geburtstage sind Freudentage

Geburtstage werden sehr unterschiedlich gefeiert. Länder- bzw. regionsweise mit je anderen Bräuchen und Wünschen. Hierzulande sind es im Normalfall Freudentage: Man freut sich, da sein zu dürfen; man wünscht dem „Geburtstagskind" alles Liebe und Gute für die Zukunft.

Besondere Aufmerksamkeit widmet man den „runden" Geburtstagen (nach Dekaden gestaffelt) sowie den silbernen (25 Jahre), goldenen (50) und diamantenen (60) Jahrestagen – und natürlich auch allen weiteren „runden“ oder „halbrunden“ auf dem Weg zum hundertjährigen Wiegenfest (70, 75, 80, 85, 90 usw.).

Geburtstage sollten auch besondere Tage des Nachdenkens sein über den Sinn des Lebens sowie der Dankbarkeit, vor allem gegenüber unseren Eltern und Geschwistern.

Unsere Glückwünsche zum Geburtstag können sehr unterschiedlich sein – je nach Alter, Beruf und Zukunftsplänen dessen, dem wir gratulieren.

Was wir nie vergessen sollten: Dass unsere Glückwünsche immer auch Segenswünsche sein sollten! Wünsche, die den Segen Gottes nie ausschließen; die immer auch der/dem wir Gutes wünschen, direkt oder indirekt nahelegen: Ohne Gottes Segen gibt es für uns keine heile und glückliche Zukunft.

Adalbert Ludwig Balling

Glückwünsche und Segenstexte zum Geburtstag

Meine guten Wünsche
seien wie Sterne am Himmel.
Sie künden Hoffnung.
Meine guten Wünsche
begleiten dich; sie gelten dir
und denen, die dir nahestehen.
Sie gleichen Rosen,
die schon im Winter
auf die wärmende Sonne warten.
Sie sind Vorboten der Freude –
dem Regenbogen gleich,
Himmel und Erde umspannend.

Adalbert Ludwig Balling

Ich wünsche dir Menschen,
die dich bejahen,
die dir Mut machen;
die dir Vorbild sein können;
die dir weiterhelfen,
wenn du traurig bist
und müde und erschöpft.
Ich wünsche dir Menschen,
die gut zu dir sind
und dich mögen.

Adalbert Ludwig Balling

*

Die Liebe Gottes
erleuchte deinen Alltag,
die Harmonie der Schöpfung
erfreue dir Herz und Sinne.
Die Liebe der Menschen
beglücke dich –
vom ersten Tag deines Lebens
bis zum letzten.

Adalbert Ludwig Balling

*

Dass das Glück dir glücke,
dass die Zukunft dir gelinge
und dass du in Frieden
leben mögest alle Tage
deines Lebens –
das wünsche ich dir
von ganzem Herzen.

Adalbert Ludwig Balling

Drei Dinge wünsche ich dir:
Ich wünsche dir die Vielfalt
und die Schönheit der Blumen,
die Zartheit der Schmetterlinge
sowie die Anmut
und Leichtigkeit der Engel.

Adalbert Ludwig Balling

*

Ich wünsche dir
Gesundheit und Glück,
gute Freunde
und verlässliche Kollegen.
Ich wünsche dir Zufriedenheit
und Gelassenheit
und täglich neu
den Segen Gottes!

Adalbert Ludwig Balling

Geburtstag feiern – das kann doch jeder!

Aber so feiern, dass dieser Tag einem Fest gleichkommt, an dem man sowohl seinen Freunden dankt als auch dem, der uns ins Leben gerufen hat – das muss man lernen … Vergiss nie: Dein Geburtstag war ein Freudentag für deine Eltern; er soll auch weiterhin sein ein Tag der Freude, ein Tag des Dankens und ein Tag der Harmonie mit Gott und den Menschen.

Adalbert Ludwig Balling

Jeder Mensch ist ein Geschenk

Geboren werden, Mensch sein dürfen
und jedes Jahr zwölf Monate reifer werden –
das ist ein Geschenk des Schöpfers!
Geburtstage sind dazu da,
für Vergangenes zu danken,
am Gegenwärtigen sich zu freuen
und für die Zukunft zu hoffen.

Meine Wünsche für diesen Tag:
Erfolg im Beruf,
Frieden mit den Nachbarn,
Freude am Leben und
Dankbarkeit gegenüber Gott.

Jeder Mensch ist ein Geschenk;
ohne ihn wäre die Welt
ein Quäntchen düsterer,

eine Nuance trostloser,
ein bisschen trauriger.

Jeder Mensch ist ein Original,
geschaffen nach dem Bilde Gottes.
Jeden Menschen gibt's nur einmal.
Jeder hat einmalige Chancen.
Ich wünsche dir alles Gute.
Ich bin froh, dass es dich gibt!

Adalbert Ludwig Balling

Schön, dass es dich gibt

Weißt du überhaupt,
dass es Menschen gibt,
die dich mögen;
die froh und dankbar sind,
weil sie dich kennen –
und schätzen lernen durften!
Die sich mit dir freuen,
dass du ein weiteres Jahr
bei und mit ihnen sein durftest.
Und die mit dir Gott danken –
für das Schöne und Gute,
das sie erleben durften.
Weiter so! wünscht
in liebevoller Herzlichkeit

Adalbert Ludwig Balling

Geburtstagsgebete

Lieber Gott,
du hast mich wieder den Tag
meiner Geburt erleben lassen.
Du hast mir im vergangenen Jahr
viel Gutes getan.
Ich bitte dich: Segne mich
auch im neuen Lebensjahr
und erhalte mich im rechten Glauben!

Reinhard Abeln

Du führst mich sicher

Nun gehe ich ins neue Jahr
und kann es täglich spüren:
Du bist bei mir an jedem Tag.
Du wirst mich sicher führen.

Überliefert

Froh und reich durchs Jahr

Im Namen Gottes fang ich an.
Mir helfe Gott, der helfen kann.
Was dunkel ist, mach er mir klar!
So geh ich froh und reich durchs Jahr.

Überliefert

Schenk mir viele gute Tage

Du hast mich im letzten Jahr
begleitet und beschützt.
Dafür danke ich dir, guter Gott.
Segne und beschütze mich auch im neuen Jahr
und schenk mir viele gute Tage!

Reinhard Abeln

Segne mich und die Meinen

Herr, du hast mich erschaffen;
du hast mich ins Leben geliebt,
dir verdanke ich alles!
Segne mich und die Meinen
alle Tage meines Lebens –
und schenke denen,
die von uns gegangen sind,
Frieden, Freude
und ewige Glückseligkeit.

Adalbert Ludwig Balling

Geburtstags-Reflexionen

Du Sonnenkind, weißt du eigentlich, wie gut du es hast? Verglichen mit Millionen und Abermillionen anderer – die kein Heim haben oder sich nie oder nur selten sattessen können; die in Kriegsgebieten leben oder auf der Flucht sind – und niemanden haben, der ihnen beisteht …

Du Glückskind – auch wenn du so manchen Wunsch offenhast und immer wieder mal stöhnst und dich beschwerst und unter der Last deines Lebens leidest – du hast es trotz allem wesentlich besser als die große Mehrzahl aller Menschen weltweit! Warum dankst du so selten für das große Glück, das dir mit in die Wiege gelegt worden ist?

Du Gotteskind, du feierst jährlich den Tag deiner Geburt. Warum bedankst du dich nicht öfters mal bei deinen Eltern, bei Geschwistern und Klassenkameraden; bei Freunden und Kollegen; bei deinem Partner/bei deiner Partnerin. Sie alle haben ein Recht auf deine Freundlichkeit, auf dein Entgegenkommen, auf deine Hilfsbereitschaft. – Warum schließt du den aus, der dich ins Leben gerufen; der dir das Leben geschenkt hat – und es dir täglich neu schenkt? Vergiss es nie: Der Tag deiner Geburt ist eine Freude Gottes; ihm gebührt dein erstes Dankeschön.

Adalbert Ludwig Balling

„Vergelt's Gott"

Guten Freunden, vor allem denen,
die ihm zu seinem 80. Geburtstag
gratuliert hatten,
schrieb Karl Rahner am Ende seines
Dankesbriefes: „Vergelt's Gott!"
Er schämte sich nicht,
dieses im süddeutschen Raum
vielleicht sogar
etwas abgegriffene Wort
zu benützen,
weil er es so verstanden wissen wollte,
„wie es eigentlich gemeint ist" –
als Segenswunsch.

„Vergelt's Gott" sagen,
heißt letztlich nichts anderes als:
Gott gebührt die Ehre;
er vergelte Gutes mit Gutem.
Wer so dankt,
bleibt bescheiden.
Dankend gedenkt er derer,
die ihn mögen;
dankend und segnend
spendet er Hoffnung.

Adalbert Ludwig Balling

Gottes Segen trägt

Gott segne dich
und schenke dir das feste Vertrauen
auf seine Fürsorge
und Begleitung an jedem Tag.

Gesegnet bist du,
wenn du Vertrauen hast,
beharrlich bist
und von Gott alles erwartest.

Gott segne dich
und schenke dir seine Liebe.
Er gebe dir die Kraft und den Mut,
für andere einzutreten.

Gott segne dich,
wenn du sein Wort hörst.
Er pflanze es in dein Herz,
damit es Wurzeln schlägt
und Früchte trägt.

Gott segne
dein Wachen und Schlafen,
dein Arbeiten und Ruhen,
dein Leben und Sterben:
der Vater, der Sohn
und der Heilige Geist.

In jeder Stunde
der Freude und des Leides

sei Gott bei dir und segne dich
mit seiner liebenden Nähe.

Reinhard Abeln

VI. Segenstexte zu diversen Anlässen

Hochzeit – Geburt – Reisesegen – Zur Gottesmutter Maria – Späte Jahre – Den Verstorbenen verbunden – In schweren Tagen

Wohin ich auch gehe,
sei du, Herr, bei mir!
Wo immer ich bin und stehe,
dein Segen sei mit mir.

Wo immer ist dein Segen,
lass ihn bei mir sein;
Sonne oder Regen,
dein Segen bleibe mein.

Deinen Segen, deine Liebe,
mein Herrgott, schenke mir
und stets will ich dich preisen
und ewig danken dir.

Aus Oberbayern – um 1870

Wenn zwei Menschen Hoch-Zeit feiern

„Liebe
ist eine ständige Herausforderung,
die Gott uns zumutet."

(Karol Wojtyla/Papst Johannes Paul II.)

Als er Weihbischof von Krakau war
– gerade vierzig Jahre alt –,
schrieb Karol Wojtyla ein Wortdrama
über die eheliche Liebe.
Damals hat es kaum jemand beachtet,
nicht hierzulande.
Dann, nachdem er als Papst Johannes Paul II.
den Stuhl Petri bestieg,
gewannen manche seiner Worte
neu an Bedeutung:
„Wir müssen glauben,
dass die Liebe ins Schicksal
den Faden webt;
zerreißt das Schicksal die Liebe nicht,
so haben die Menschen gesiegt."

Die Liebe webt den Faden!
– Die Liebe fordert heraus.
Die Liebe mutet zu.
Die Liebe wagt das Risiko.
Die Liebe vergibt und verzeiht.
Die Liebe wirkt Wunder.

Selten weiß die Liebe,
warum sie zur Liebe drängt.

„Warum ich dich liebe?",
fragt der jugendliche Liebhaber
seine Freundin in Wojtylas Drama.
„Was ist der Grund zur Liebe? –
Verlange keine Antwort!
Ich weiß es nicht.
Die Liebe ist ihrem Gegenstand voraus!"

Die Liebe macht,
dass man mutig sein kann –
meint der Chinese Lao-tse
viele Jahrhunderte vor Christus.
Liebe – dann tue, was du willst,
sagt ein christlicher Heiliger.
Liebe ist ein Geheimnis –
für den, der lieben darf,
wie für den, der geliebt wird.

Liebe macht Menschen sympathisch.
Liebe macht Menschen opferbereit.
Liebe macht Menschen mutig …
Wer die Ehe wagt, braucht Mut.
Mut zu sich.
Mut zum Du.
Mut zum Leben zu zweit.
Mut auch –
Gott als „Dritten im Bund" dazuzuladen.
Eheliche Liebe ist die Eigenschaft in der Zeit,
aber nicht denkbar ohne die Ewigkeit (nach Haecker).

Eheliche Liebe
wird erst dann groß und kräftig,
wenn sie sich als Gemeinschaft
vor Gott versteht.
Wenn zwei sich lieben,
langen sie in die Zukunft;
wenn zwei sich lieben,
bleiben sie ewig jung!

Wenn zwei Menschen Hoch-Zeit feiern,
ist es Gott, der sie zur Liebe herausfordert,
der ihnen Liebe zumutet.
Sein Segen
ist die Sonne der ehelichen Gemeinschaft.
Seine Liebe hört niemals auf!

Adalbert Ludwig Balling

Segen für ein Brautpaar

Der Engel des Herrn möge denen, die sich lieben,
als unermüdlicher Wächter zur Seite stehen
und von ihnen alles Böse fernhalten.
Ihr Leben möge lange und in Frieden währen
und in ihren Kindern fruchtbar werden.
Mögen sie auf Erden so gesegnet sein,
dass sie im Himmel die Krone des ewigen Lebens erlangen.

Überliefert

Wenn sich zwei Menschen einander anvertrauen …

… so ist dies ein tiefer Einschnitt in ihr Leben. Dazu braucht es Mut, viel Mut! Vor allem aber Liebe für und Ehrfurcht voreinander.

Daher wünsche ich euch wachsende Harmonie und die willige Bereitschaft, aufeinander zuzugehen – auch noch nach Jahren der Zweisamkeit. Dabei seien Gottes Engel eure Begleiter und Beschützer.

Adalbert Ludwig Balling

In deiner Liebe geborgen

Lieber Gott,
von Herzen danken wir dir heute
für alles, was du uns Gutes getan hast.
Du hast uns miteinander verbunden
und zusammengehalten.
In den Jahren unserer Ehe
hast du uns deine Nähe spüren lassen.
In guten und schweren Tagen
bist du uns treu geblieben,
auch wenn wir schuldig geworden sind
vor dir und aneinander.
Wir bitten dich:
Bleibe bei uns an jedem neuen Tag!
Lass deine Liebe und deinen Frieden
weiterhin in unseren Herzen
und in unserem Hause sein!

Segne uns und gib uns Geduld füreinander!
Segne alle, die zu uns gehören!
Und wenn du einen von uns
abrufst aus diesem Leben,
dann lass uns darauf vertrauen,
dass wir in deiner Liebe geborgen sind.
Führe uns in dein ewiges Heim!

Reinhard Abeln

Geburt

Wenn ein Kind geboren wird …

„Mit jedem Neugeborenen kehrt ein Stück Paradies zur Erde zurück. Denn wenn ein Kind geboren wird, freuen sich die Engel im Himmel“ (Kalenderblatt).

Wir wissen, nicht alle Kinder sind Sonntagskinder; nicht alle sind Glückspilze; nicht, wenn wir Glück am Reichtum der Eltern messen oder an den Talenten und Lebenschancen des neuen Erdenbürgers. Aber wir alle sind Wunschkinder vonseiten Gottes!

Meine Wünsche an die Eltern (und Großeltern) des Neugeborenen: Dass euer Baby wachse und gedeihe; dass es allen Menschen, die es sehen und bestaunen, Freude bereite.

Dass es zum Segen werde für seine Eltern und Geschwister und ein Geschenk für jene, deren Leben es in späteren Jahren teilen wird. Dass es mit den Jahren seine Einmaligkeit begreife und dem Schöpfer dafür danke. Gottes Segen sei mit dem Baby und seinen Eltern und Verwandten. Gottes Engel mögen es behüten auf allen seinen Wegen.

Adalbert Ludwig Balling

Wunderbares Geschenk

Ein Wunder ist uns geboren.
Eine kleine Prinzessin kam
aus den Sternen,
mit Händchen voller Sonne.
In ihren Augen kannst du
den Himmel sehen.

Willkommen, kleiner Prinz,
auf unserem Planeten,
Ruhe am Herzen deiner Mutter,
lass dich wiegen,
in den Armen deines Vaters.
Ich wünsche dir
keinen Reichtum, nur Liebe.
Dann hast du alles, was du brauchst,
um ein glücklicher Mensch zu werden.

Phil Bosmans

Mit jedem Kind
lässt Gott uns wissen,
dass er die Freude
an uns Menschen
noch nicht verloren hat.

Rabindranath Tagore

Segne unsere Familie

Guter und großer Gott,
es gibt immer wieder Schwierigkeiten
und Probleme in unserer Familie –
mit den größer werdenden Kindern,
mit meinem Mann,
mit den Schwiegereltern …
Schenke mir die nüchterne Erkenntnis,
dass Sorgen, Misserfolge und Rückschläge
eine selbstverständliche Zugabe
zum familiären Leben sind,
durch die wir wachsen und reifen können.
Bewahre mich vor dem naiven Glauben,
es müsste im Leben alles glattgehen.
Lass mich erkennen,
dass Träume nicht weiterhelfen,
sondern nur der Glaube,
dass du deine segnende Hand
über uns hältst.
Schenke mir diesen Glauben!

Reinhard Abeln

Reisen, um zu sich selber zurückzukehren

Zu jeder Reise
braucht's ein gewisses Gleichgewicht,
die Gewissheit,
sich auf sich verlassen
zu können" *(Rainer Maria Rilke).*

Es braucht ferner die Bereitschaft,
das Fremde und Andersartige
zu tolerieren, Andersdenkende
zu akzeptieren und mit diesem Mehr
an Wissen zu sich selber
nach Hause zurückzukehren.

Wer reist, hinterlässt Menschen,
Situationen, Regionen,
die ihm über Jahre, Jahrzehnte
vertraut und heimisch waren.
In der Fremde lernt er
zu unterscheiden; vielleicht auch
– hoffentlich! – das Schöne und Gute
der Heimat neu zu schätzen.

Ich wünsche dir viel Glück und Segen
bei diesem Unterfangen.
Ich wünsche dir die Erfahrung,
dass auch Fremde zu Freunden
werden können;
dass überall dort „Heimat" sein kann,
wo Menschen uns mögen und annehmen.

Ich wünsche dir offene Augen,
wache Ohren, liebe-volle Hände
im Umgang mit denen,
die du als Fremde bezeichnest.
Auch sie haben ein Recht,
dass du fair mit ihnen umgehst.

Ich wünsche dir das Gleichgewicht
deiner Seele sowie das Wissen darum,
dass du dich überallhin selber mitnimmst –
und allemal zu dir selber zurückkehrst.
Hoffentlich beglückt und bereichert.

Adalbert Ludwig Balling

Segen für unterwegs

Möge dein Weg dir freundlich entgegenkommen,
Wind dir den Rücken stärken,
Sonnenschein deinem Gesicht
viel Glanz und Wärme geben.
Der Regen wasche deine Fehler ab.
Und bis wir beide, du und ich, uns wiedersehen,
halte Gott schützend dich in seiner Hand.

Reisesegen aus Irland

Gute Reise

Hunderttausende sind jeden Tag
unterwegs.
Auf den Straßen.
Auf den Schienen.
Per Flugzeug oder Schiff,
in Autos oder Bussen.
Unterwegs zur Arbeit;
unterwegs zu ihren Lieben;
unterwegs in den Urlaub;
unterwegs – zurück aus den Ferien.

Herr,
öffne ihnen die Augen
für die Schönheit der Natur.
Bringe sie sicher an ihr Ziel.
Mache sie dankbar für alles,
was sie erleben dürfen.
Gib ihnen Verständnis für jene,
die sie in der Fremde kennenlernen.
Lass sie wissen,
dass wir alle Fremde sind –
Pilger allesamt,
Reisende auf dem Weg zu dir.
Segne sie!

Adalbert Ludwig Balling

Reisesegen

Es segne und behüte dich unser Gott,
der dich erschaffen hat
und der dich ausstattet mit vielen Talenten.
Er öffne dir die Augen und das Herz
für die Schönheit seiner Schöpfung.
Er schenke dir die Gabe auszuruhen,
die Fähigkeit, Kraft zu tanken,
und die Freude, freie Zeit zu genießen.
Er gebe dir den Mut,
an einer friedlicheren Welt mitzuarbeiten.
Amen.

Im Flughafen Hamburg

Segen auf dem Weg

In meinem Rücken ist Segen bis hin zu den Bergen.
Vor mir ist Segen bis zu den Bergen,
unter mir liegt Segen auf der Erde,
über mir wölbt sich Segen bis zum Himmel.

So gehe ich, wenn der Morgen anbricht.
Hinter mir bleibt der Segen, wo immer ich gehe.
Vor mir wartet Segen auf mich, wo immer ich gehe.
Und so gehe ich. Wenn der Tag anbricht, gehe ich.

Navajo-Indianer

Segne alle, die unterwegs sind

Lieber Gott,
du kümmerst dich um alle Menschen.
Heute bitte ich dich für alle,
die irgendwo unterwegs sind:
die Männer und Frauen,
die mit dem Auto zur Arbeit fahren;
die Fahrer von Bussen und Straßenbahnen,
die viele Menschen befördern;
die Reisenden in den Zügen und Flugzeugen,
die in den Urlaub fahren;
die Fußgänger,
die belebte Straßen überqueren …
Segne alle, die unterwegs sind!
Lass sie wieder gesund heimkommen!

Reinhard Abeln

Wünsche für die Urlaubstage

Ich wünsche dir die Erfahrung, dass auch Fremde zu Freunden werden können; dass Heimat überall dort sein kann, wo Menschen uns mögen.

Ich wünsche dir offene Augen und wache Sinne im Umgang mit Menschen anderer Länder und Erdteile.

Ich wünsche dir Toleranz gegenüber denen, die eine andere Sprache sprechen und einer anderen Religion angehören.

Ich wünsche dir die Erkenntnis, dass du dich (und deine Eigenheiten) überallhin mitnimmst und dass man dich in der Fremde nicht überall willkommen heißt.

Ich wünsche dir erholsame Tage und Wochen – im Einklang mit der Natur, auch mit dem Wissen, dass wir dazu berufen sind, mitzuhelfen, Gottes Schöpfung zu bewahren.

Ich wünsche dir erholsame Urlaubstage. Wisse: Wer verreist, bricht auf zu neuen Ufern und kehrt aus der Fremde zurück, hoffentlich beglückt und bereichert.

Adalbert Ludwig Balling

Segensgebete zur Gottesmutter Maria

Segne du, Maria

Segne du, Maria, segne mich, dein Kind,
dass ich hier den Frieden, dort den Himmel find!
Segne all mein Denken, segne all mein Tun,
lass in deinem Segen Tag und Nacht mich ruhn!

Segne du, Maria, alle, die mir lieb.
Deinen Muttersegen ihnen täglich gib!
Deine Mutterhände breit auf alle aus,
segne alle Herzen, segne jedes Haus!

Segne du, Maria, unsere letzte Stund,
süße Trostesworte flüstre dann dein Mund!
Deine Hand, die milde, drück das Aug uns zu,
bleib in Tod und Leben unser Segen du!

Cordula (Peregrina) Wöhler) (1845–1916)

Liebste Mutter

Liebste Mutter wollest schauen
auf dein Volk, das mit Vertrauen,
dich als seine Mutter ehrt,
von dir Hilf und Trost begehrt.

Segne uns in deinem Herzen,
tröste uns in unsern Schmerzen,
steh uns bei in aller Not,
zeig uns Jesus nach dem Tod!

Überliefert

Steh uns immer bei

Wir bitten dich, Mutter Gottes,
hilf uns und allen Menschen!
Du kennst unsere Sorgen und Nöte.
Lass uns nicht allein
und steh uns immer bei
mit deinem mütterlichen Segen!
Dafür danken wir dir.

Reinhard Abeln

Maria, Segen bringende Mutter

Maria, Segen bringende Mutter
unseres Erlösers,
du weitaufgetanes Tor zum Himmel,
du Stern über dem Meer:
Bitt für uns Menschen in Not,
dass uns helfe der Herr!
Du hast im Geheimnis der Natur
deinen Heiligen Schöpfer geboren
und bist geblieben die Jungfräuliche
vordem und nachher,
hast aus dem Mund des Engels
das „Ave“ empfangen:
Bitt Gott für uns Sünder!

Kloster Reichenau (11. Jahrhundert)

Gib uns deinen Segen

Mutter Gottes, schau doch wieder
hier auf deine Kinder nieder,
Weil du unsre Mutter bist,
dich ein jedes Kindlein grüßt.
Mutter, gib uns deinen Segen,
schütze uns auf allen Wegen.

Überliefertes Kindergebet

Gesegnetes Alter

Romano Guardini hat in seinen
späten Jahren einmal festgestellt:
Es gebe alte Menschen,
die zu kennen ein Segen sei.
In ihnen sei ein langes Leben
still geworden:
„Arbeit ist getan,
Liebe ist gegeben,
Leiden ist gelitten worden,
aber alles ist noch da –
in Antlitz, Hand und Haltung –
und redet mit der alten Stimme."

Adalbert Ludwig Balling

Wünsche für die gemeinsamen späten Jahre

Ich wünsche euch einen Engel zur Seite,
der eure gemeinsamen Wege mitgeht.

Ich wünsche euch ein lustiges Lied auf den Lippen, sodass eure Tage erhellt werden von der Einsicht: Wer Freude teilt, schenkt Hoffnung.

Ich wünsche euch wache Augen für die Schönheit der Natur – und Freude an euren Kindern und Kindeskindern.

Ich wünsche euch gute Gedanken der Liebe, die die Herzen der Menschen berühren.

Ich wünsche euch Menschen zur Seite, die euch zuhören, wenn ihr Sorgen habt.

Ich wünsche euch gute Erinnerungen, die euer gemeinsames Leben erhellen und es euch ermöglichen, voller Vertrauen auch in die Zukunft zu blicken.

Adalbert Ludwig Balling

Der Zeit viel Zeit lassen

Sicher werden auch Sie immer mal gefragt: Wie schaffen Sie das – so viele Jahre gemeinsamen Lebens? Vielleicht murmeln Sie: Es braucht Geduld, viel Geduld. Etwas überstürzen zu wollen, führt zu nichts.

Man muss immer wieder auf den rechten Augenblick warten können, darauf, dass die Zeit reif ist. Man muss der Zeit Zeit lassen. Und dem Menschen, den man liebt. Alles braucht seine Zeit, auch der Partner, die Partnerin – für sich, für Freunde, für eigene Interessen, für seine, ihre Entwicklung. Wir brauchen Zeit, um Verständnis für den anderen aufbringen zu können.

Die Chinesen sagen: „Man kann ein Ziel nur erreichen, wenn man es nicht erreichen will!" Statt zu drängen, sich zu verbeißen, lieber innerlich loslassen, Zeit geben. Oft fallen einem die ersehnten Dinge zu, wenn sie die Macht über einen verloren haben. Diese Zeit braucht die Liebe auch.

Im ehelichen Leben sind die Erwartungen oft sehr groß. Wir Menschen haben Träume und Visionen, hängen Zukunftsbildern nach, sehnen uns zuweilen nach dem „Paradies auf Erden". Im gemeinsamen Leben spielen Utopien mitunter eine große Rolle, sie tragen und befördern es sozusagen, aber der Alltag holt uns oft auf den Boden der Wirklichkeit zurück.

Wahre Harmonie anzustreben heißt, eine Übereinstimmung des Alltäglichen mit dem Besonderen zu erzielen, der Wirklichkeit mit **den** Träumen und Erwartungen, des Selbst mit dem Partner. Diese Harmonie wird gesegnet sein.

Adalbert Ludwig Balling

Segensworte in den späten Lebensjahren

Gesegnet seien alle, die verstehen, dass meine Füße mich nicht mehr tragen und dass meine Hände zittrig geworden sind!

Gesegnet seien alle, die begreifen, dass ich schwerhörig geworden bin, und sich mühen, laut und deutlich zu sprechen.

Gesegnet seien alle, die wissen, dass meine Augen nicht mehr gut sehen und dass ich nicht mehr alles mitbekomme.

Gesegnet seien alle, die nicht schimpfen, wenn ich etwas verschütte oder etwas umstoße oder fallen lasse.

Gesegnet seien alle, die mir helfen, meine Sachen zu finden, weil ich oft nicht mehr weiß, wo ich sie hingelegt habe.

Gesegnet seien alle, die mir zuhören, wenn ich von früher erzähle, und jene, die meine Schmerzen lindern.

Gesegnet seien alle, die gut zu mir sind – oder über viele Jahre gut zu mir waren! Wenn ich einmal bei Gott bin, werde ich an euch alle denken.

Phil Bosmans

PS: Schon bei unserer ersten Begegnung in Köln wurden wir Freunde. Die sympathische Art des belgischen Paters begeisterte alle, die ihn kennenlernten. Seine Segenswünsche, hier neu formuliert, werden uns noch lange in guter Erinnerung bleiben. (ALB)

Gott segne die Jahre deines Lebens.
Gott schaue auf die Jahre der Fülle
und die Jahre der Not.
Gott tanze mit der Freude
deiner Jugend.
Gott lächle über die Blüten
deines Humors.
Gott weine mit dir in deiner Trauer
und Verlassenheit.
Gott hege und bewahre deine Träume
und Hoffnungen.
Gott streichle sanft
über deine faltigen Wangen.
Gott höre deinen Fantasien leise zu.
Gott gönne dir noch viele gute
Erinnerungen
und nehme dich liebevoll in seine Arme.

Adalbert Ludwig Balling

Dank eines alten Menschen

Ich danke dir, weil du mir zuhörst.
Ich danke dir, weil du Zeit für mich hast.
Ich danke dir, weil du nicht unwillig wirst,
wenn ich dich belästige.
Ich danke dir, weil du mir Freund bist.
Ich danke dir, weil du mich ermunterst,
wenn ich traurig bin.
Ich danke dir,
weil du mir Liebe entgegenbringst,
auch wenn ich selbst damit oft geize
und knausere.
Ich danke dir, weil du,
ohne viel darüber zu reden,
für mich betest …

Ich bin froh,
dass es dich gibt!

Adalbert Ludwig Balling

Segne, die mir Gutes tun

Herr,
ich bin alt, schwach und krank,
ich kann nichts mehr tun;
aber du lässt mich leben.
So will ich da sein für dich.
Hilf mir, dass ich all die Dienste,
die ich von anderen brauche,
willig und dankbar annehme!
Gib du deinen Segen allen,
die mir Gutes tun!

Gotteslob (1975) 11,1

„Mein sehnlichster Wunsch"

Wovor wir Menschen Angst haben: dass uns in der allerletzten Stunde niemand zur Seite steht! Ein namhafter Publizist beim Hörfunk und Fernsehen wurde gefragt, was er sich denn für seine letzten Lebensjahre besonders wünsche – er war schon über 80 – antwortete folgendermaßen:

„Es geht mir nicht um materielle Dinge, die habe ich; für mich ist gesorgt. Was ich mir wünsche, sind liebende Hände, die meine Hände halten und streicheln, wenn es so weit ist. Dies allein wäre mein sehnlichster Wunsch: dass ich um einen Menschen wüsste, der mir nahe ist – bis dann ein ganz anderer, hoffe ich, mir seine Hände entgegenstreckt …"

Gott des Lebens und der Liebe –
dies ist auch mein Wunsch.
Lass jene spüren, die mir teuer sind,
worauf es mir letztlich ankommt.
Gib mir die Kraft,
diesem Tag und dieser Stunde
voll Vertrauen entgegenzusehen.

Adalbert Ludwig Balling

Wenn uns etwas genommen wird

„Wenn etwas uns fortgenommen wird,
womit wir tief und wunderbar zusammenhängen,
so ist viel von uns selber mit fortgenommen.
Gott aber will, dass wir uns wiederfinden –
reicher um alles Verlorene und vermehrt um
jeden unendlichen Schmerz."
(Rainer Maria Rilke)

Herr –
es tut weh, wenn Menschen uns genommen werden.
Es schmerzt, wenn wir die Heimat verlieren.
Es macht uns traurig, wenn wir um uns herum
nur noch Einsamkeit spüren.

Herr –
ich weiß – und und die großen Heiligen
haben es uns vorgelebt:
Wen du reich machst, den kann

kein Mensch mehr arm machen!
Wen du behütest, der ist nie allein.
Wen du segnest, der weiß sich geborgen.
Wen du auffängst, der ist beschützt.
Hilf mir loszulassen,
um frei zu werden für dich.

Adalbert Ludwig Balling

Den Verstorbenen verbunden

Die von uns gegangen sind

Alle, die von uns gegangen sind, lehren uns, das Leben neu zu überdenken. – Sie lassen uns nicht als Waisen zurück, sondern bleiben in unserer Mitte.

Wen der Herr ruft, den hält er für würdig zurückzugeben, was ihm einst geliehen wurde.

Jene, die von uns gegangen sind, leben weiter mitten unter uns – solange wir ihrer gedenken. Der Tod ist nicht das Ende, Wer stirbt, wechselt nur die Seite – vom Hier nach Dort; von der Mühe des Erdenlebens zur Freude im Jenseits.

Es tut weh, Freunde zu verlieren und allein übrig zu bleiben. Aber es ist tröstlich zu wissen, dass sie auch in Zukunft für uns da sein werden, wenn wir dies wünschen.

Vergesst nicht: Wer für die Verstorbenen betet, wer gut an sie denkt, wer sie segnet – für den sind sie mächtige Fürsprecher am Throne Gottes. Wer der Toten liebend gedenkt, dem öffnen sich die Tore des Himmels. Wer die Toten segnet, den werden auch sie niemals vergessen.

Unsere Lieben, die von uns gegangen sind, sind unsere Engel im Alltag; unsere „guten Geister“, wenn Böses uns bedroht. Die Brücke zwischen ihnen und uns ist unsere Erinnerung – und unser Wunsch, es möge ihnen dort gut gehen, wo wir uns einst wiedersehen werden.

Ein russischer Starez schrieb einmal:

Trauert nicht, weil ich von euch gegangen bin, sagte der Starez zu den Mönchen. Kommt an mein Grab und erzählt mir eure Sorgen; alles, was euch bewegt! Und nehmt meinen Segen entgegen für die Tage, die euch noch verbleiben!

Adalbert Ludwig Balling

Aufrichtige Antelnahme

Wir verlieren jene nicht,
die uns verlassen haben.
Ihre Güte hält an,
ihre Liebe währt weiter,
ihre Gedanken und Ideen
leben fort
in unseren eigenen.
Was sie uns schenkten,
bleibt unser Reichtum.

Adalbert Ludwig Balling

Bleibe immer bei mir

Guter Vater im Himmel!
Ich bin oft traurig und ratlos.
Halte mich fest,
wenn mich Zweifel und Angst
erdrücken wollen!
Du bist stärker als alles,
was mich bedrängen mag.
Bleibe mit deinem Segen
immer bei mir!

Reinhard Abeln

Lass mich nicht allein

Guter Vater,
manchmal verlässt mich jeder Mut.
Manchmal sehe ich alles rabenschwarz.
Manchmal stürzt alles über mich herein.
Dann, Herr, bitte ich dich:
Segne mich und lass mich nicht allein!
Lass mich von deiner Hand getragen sein!
Lass mich wissen, dass du mich liebst!

Reinhard Abeln

Sorgender Gott

Lieber Gott,
ich lasse mich in dich hineinfallen.
Fang mich auf und trage mich!
Ich gebe dir meine ungelösten
Probleme und Sorgen.
Entwirre sie, löse sie
und lass mich in deinem Segen
geborgen sein!

Reinhard Abeln

Danke für deine Liebe

Lieber Gott, du hilfst mir,
wenn ich Hilfe brauche.
Du tröstest mich,
wenn ich Kummer habe.
Du gibst mir deinen Segen,
wenn ich in Not bin.
Ich danke für deine Liebe.

Reinhard Abeln

Der mächtigste Arzt

Lieber Gott,
du bist der mächtigste Arzt,
den ich habe.
Dir vertraue ich mich an:
mit meinen Schmerzen und Sorgen,
mit meinen Ängsten und Fragen.
Ich weiß: Du hältst mich
mit deinem väterlichen Segen,
wenn ich verzagt und unsicher bin.
Ich danke dir, mein guter Vater.

Reinhard Abeln

Dir vertraue ich mich an

Guter Gott,
ich bin krank und habe Sorgen.
Ich weiß nicht, was du mit mir vorhast.
Ich weiß nicht, was morgen sein wird.
Eines aber weiß ich:
Du sagst Ja zu mir.
Du willst nur das Beste für mich.

Weil du da bist,
brauche ich mich nicht zu fürchten.
Vater, dir vertraue ich mich an.
Dir übergebe ich meine Zukunft.
Dein heiliger Wille soll an mir geschehen.
Segne und behüte mich – Tag für Tag!

Reinhard Abeln

Vertraue Gottes Segen

Gott öffne deinen Blick
für neue Wege
mit seinem Segen.

Gott segne dich
in dunklen Stunden der Trauer.
Er halte seine Hand über dich
in Zeiten der Freude.

Gottes Segen gebe deiner Seele
Frieden und Erholung.

Gottes Segen lasse dich
das Leben spüren
in allen Momenten des Tages.

Gott lasse dich erfahren,
dass du wertvoll bist.
Sein Segen stärke dich darin,
aufrecht in diesen Tag zu gehen.

Hab Vertrauen in Gott
und seine Weisung.
Sein Segen sei dir wie Licht
in der Nacht.

Lass Gott in dir wirken.
Begib dich in seine Hand
und vertraue seinem Segen!

Gott will, dass du lebst.
Sein Segen gebe dir Stärke
und neuen Mut.

Reinhard Abeln

VII. Segenswünsche ganz persönlich

Für dich und alle, die dich mögen

Der Herr
sei mit dir
zu allen Zeiten.
Und Er segne dich,
dass du allezeit
in Ihm bleibst.

Klara von Assisi

Von Mensch zu Mensch

Meine guten Wünsche mögen dich begleiten auf allen deinen Wegen; sie gelten dir und den Deinen – allen, die dir nahestehen, und allen, die gut zu dir sind oder waren.

Ich wünsche dir zur rechten Zeit das rechte Wort – und ein liebendes Herz, von dem du dich leiten lässt.

Ich wünsche dir Erholung und ausreichend Schlaf; Arbeit, die dir Freude macht, und Menschen, die dich mögen und bejahen.

Aber ich wünsche dir auch Menschen, die dich bestätigen und dir weiterhelfen. Wenn du traurig bist oder müde und erschöpft.

Ich wünsche dir Hände, die nicht zögern, zu helfen und zu heilen.

Ich wünsche dir einen Menschen, der dir beisteht – und schweigt, wenn alle lauthals schreien; der Frieden verbreitet, wenn andere zum Krieg rüsten, und Feinde miteinander versöhnt, wenn andere nur Unheil künden.

Adalbert Ludwig Balling

Ich wünsche dir Gottes Segen

Gottes Segen sei dir Gewissheit,
dass du nie allein bist –
egal, wo auch immer du bist.

Sei offen für Gott
und seine segnende Gegenwart.
Öffne dich täglich neu
für die Wunder des Lebens.

Gott segne dich
und zeige dir immer wieder,
dass er auf deiner Seite steht
und dich in seinen Armen hält.

Öffne dich für Gottes Segen –
so öffnest du dich für die Welt.
Vertrauen und Gelassenheit
schenke dir Gott mit seinem Segen.

Reinhard Abeln

Wann immer ich an dich denke

Wann immer ich an dich denke,
wünsche ich dir Gutes.
Wann immer ich an dich denke,
möchte ich dich wissen lassen,
dass ich mich freue, dass es dich gibt.
Wann immer ich an dich denke,
segne ich dich.

Adalbert Ludwig Balling

Lauter gute Wünsche

Ich wünsche dir eine gute Balance zwischen Alleinsein und Gemeinschaft, zwischen der Sorge um dein eigenes Wohl und „Seelenheil" und der Verantwortung für die Deinen – und alle jene, die auf deine Mithilfe angewiesen sind.

Ich wünsche dir ein gutes Gespür für die leisen Töne – und ein Ohr für das, was besser unausgesprochen bleibt.

Ich wünsche dir die Chance des Alleinseins, ohne den Bezug zu den anderen zu verlieren.

Ich wünsche dir die Bereitschaft, in der Stille zu wachsen und zu reifen – zum eigenen Nutzen, aber auch zum Wohl deiner Mitmenschen.

Ich wünsche dir den Gleichmut der Gelassenen, die Freude der Fröhlichen, den Humor der Weisen und die Weisheit der Guten.

Ich wünsche dir die Kraft, auch für die zu beten und meditierend an sie zu denken, denen es schwerfällt, dich zu lieben.

Ich wünsche dir die Schönheit der Blumen, die Zartheit der Schmetterlinge und die Anmut und Leichtigkeit der Engel.

Adalbert Ludwig Balling

Die Heilkraft der Stille

Ich wünsche dir die Heilkraft der Stille und die Kraft, dich dann zurückzuziehen, wenn Stress und Unruhe dich plagen.

Ich wünsche dir Heil und Heilung, Segen und Gnade, Hoffnung und Zuversicht, Frieden und Freude.

Ich wünsche dir die Stille des Herzens, die nur denen gegeben ist, die sich um sie mühen.

Adalbert Ludwig Balling

Ich wünsche dir einen Menschen …

… der dich liebevoll ansieht, wenn andere dich verspotten; der dich segnet – und so dich deine Schwächen vergessen lässt. Ich wünsche dir viel Freude bei deinen alltäglichen Aufgaben und beim Zusammensein mit Kollegen und Freunden.

Adalbert Ludwig Balling

Ich mag dich –

und ich möchte, dass es dir gut geht. Ich vertraue dir! Vergiss nicht: Dich gibt's nur einmal. Dein Wohlergehen liegt mir am Herzen. Es gibt viele, die dich mögen; Es gibt viele, die zu dir halten; es gibt viele, die ohne dich um vieles ärmer wären.

Adalbert Ludwig Balling

Gesegnet sei dein Heute …

gesegnet sei dein Morgen; gesegnet seien alle Tage deines Lebens! Gesegnet sei dein Mühen um Frieden und Versöhnung; gesegnet sei deine Bereitschaft, mitzuhelfen, die Schöpfung zu bewahren.

Adalbert Ludwig Balling

Auf dass das Glück dir glücke!

Ich wünsche dir: dass dir deine gute Gesundheit erhalten bleibe; dass du Freude haben mögest an den Menschen, die gut zu dir sind; dass du jene, die dich nicht mögen, zu verstehen versuchst und Tiere und Pflanzen schonst und beschützt!

Ich wünsche dir, dass die Zukunft dir gelinge und dass du in Frieden leben mögest alle Tage deines Lebens.

Ich wünsche dir, dass du die kleinen Dinge des Alltags wahrnimmst und ins rechte Licht rückst.

Ich wünsche dir, dass du auch die leisen Töne hörst, auch in der Natur, und die Schwingungen der Untertöne im Gespräch *wahrnimmst* und beherzigst.

Ich wünsche dir, dass du in Dankbarkeit und frohen Mutes in die Zukunft blickst – auf dass das Glück dir glücke!

Adalbert Ludwig Balling

Du bist ein Sonnenstrahl

Du bist ein Sonnenstrahl für alle, die dich mögen. Bleibe ein Lichtblick für jene, die im Finstern tappen! Sei gut zu allen, die dir Gutes wünschen!

Gesegnet sei dein Heute; gesegnet sei dein Morgen; gesegnet seien alle Tage deines Lebens.

Gesegnet sei dein Mühen um Frieden und Versöhnung; gesegnet sei deine Bereitschaft mitzuhelfen, die Schöpfung zu bewahren.

Freu dich, wenn andere deinen Rat suchen. Freu dich, wenn andere auf deine Treue bauen.

Ohne dich wäre die Welt ein wenig ärmer. Ohne dich gäbe es weniger Hoffnung, weniger Gottvertrauen, weniger Zuversicht! – Ohne dich erschiene uns das Leben öd und trist!

Du verlierst nichts, wenn du andere lobst. Du büßt nichts ein, wenn du andere anerkennst. Im Gegenteil: Du gewinnst viel und wirst innerlich reicher, wenn du die Klugen anerkennst und das Schöne bewunderst.

Wofür ich dir danken möchte: Dass du so bist, wie du bist! Dass du Humor nicht mit Spott und Häme verwechselst! Dass du schmunzelst, wenn andere längst beleidigt wären!

Adalbert Ludwig Balling

Für jeden Tag

Ich wünsche dir Freude, Liebe, Glück, Zuversicht, Gelassenheit, Demut. Ich wünsche dir Güte – Eigenschaften, die dich das werden lassen, was du bist und *immer wieder werden* willst – jeden Tag ein wenig mehr.

Adalbert Ludwig Balling

Nimm dir Zeit zum Segnen

Kürzlich las ich in einem Kalender
folgende Zeilen (hier leicht gekürzt und überarbeitet):

Nimm dir Zeit zum Denken;
es ist der Ursprung der Macht.
Nimm dir Zeit zum Lesen;
es ist die Quelle der Weisheit.
Nimm dir Zeit zum Spielen
und Lachen;
es hält jung.
Nimm dir Zeit zum Beten;

es ist eine Großmacht …
Beten und Gutes wünschen
sind Schlüssel zum Himmel.

Nimm dir Zeit zum Segnen;
es kann durch nichts anderes
ersetzt werden.
Die Zeit,
in der du segnest,
wirkst du für den Frieden
der Welt.
Die Zeit, in der du segnest,
tust du am meisten
für dich selbst;
denn wer segnet,
wird gesegnet.

Adalbert Ludwig Balling

Ich schenk dir einen Rosenstrauß

Ich schenk dir einen Rosenstrauß –
duftend und vornehm, bezaubernd schön.

Ich schenk dir Schlüsselblumen –
direkt von der Wiese oder vom Waldesrand.
Sie mögen deine Sehnsüchte erschließen,
deine Wünsche steuern, deine Träume beflügeln

Ich schenk dir Tulpen und Nelken,
Veilchen und Gänseblümchen,
blühendes Heidekraut und blauen Enzian.

Ich schenk dir alle Blumen der Welt –
sie mögen für dich blühen,
sie mögen dir die Größe und Weisheit dessen künden,
der sie wachsen ließ.

Ich schenk dir eine Sonnenblume –
groß und schlank und leuchtend gelb –
mit tausend reifen Kernen in engem Blütenrund.
Sie möge dir bestätigen:
Du bist ein Sonnenstrahl –
umgeben von Gottes Liebe und Güte!

Adalbert Ludwig Balling

Alles hängt an Gottes Segen

Gottes Segen sei über dir,
wenn du an dir zweifelst.
Er sei über dir,
wenn du dein Leben neu ausrichtest.
Er segne all dein Suchen.

Gott segne dich
und ermutige dich in allem,
was du anderen und dir selbst
an Gutem tust.

Gottes Segen sei dir Gewissheit,
dass du nie allein bist –
egal, wo auch immer du bist,
was auch immer du tust.

Sei offen für Gott
und seine segnende Gegenwart.
Öffne dich täglich neu
für die Wunder des Lebens.

Gott segne dich
und zeige dir immer wieder,
dass er auf deiner Seite steht
und dich in seinen Armen hält.

Öffne dich für Gottes Segen –
so öffnest du dich für die Welt.

Vertrauen und Gelassenheit
schenke dir Gott mit seinem Segen.

Reinhard Abeln

VIII. Epilog

Der Herr segne und behüte dich (Num 6,24–26)

„Der HERR segne und behüte dich. Der HERR lasse sein Angesicht über dich leuchten und sei dir gnädig. Der HERR wende sein Angesicht dir zu und schenke dir Frieden.“

Welch großartiger Text aus dem Buch Numeri! Er könnte für uns wie ein Schutzwall stehen gegen das Gefühl, unser Leben sei letztlich belanglos, der Vergänglichkeit unterworfen – eine verlorene Episode in einer jahrmillionenlangen Geschichte auf dieser kleinen Erde am Rande des Universums.

Lassen wir uns diesen alten Segen mitgeben auf unserem Weg durch das Leben. Die nachfolgenden Ausführungen dienen als Ergänzung, Vertiefung, ja gleichsam als Zusammenfassung der in diesem Buch dargebotenen Gedanken.

Der HERR segne dich

Der „HERR“: Im Hebräischen steht hier der Gottesname Jahwe. In der Erzählung vom brennenden Dornbusch wird er so gedeutet: Ich werde für euch da sein. Auf diesen Gott stützt sich unser Leben; von diesem Gott kommt unser Leben her, von dem Gott, der versprochen hat, für uns da zu sein – in verlässlicher Treue. Er segne dich.

Doch was ist Segen? Früher wurde der Segen von Priestern gespendet, aber auch von Königen, von Propheten und schließlich von Eltern an ihre Kinder. Segen ist nichts anderes als eine Bitte an Gott, den Gesegneten zu beschützen, ihm beizustehen, ihm alles nur erdenklich Gute zu tun.

Dem Gott, den Jesus uns gezeigt hat, dürfen wir zutrauen, dass er uns im Grunde Gutes antun will, dass er unserem Leben Gelingen schenkt, ein Gelingen, das nicht einmal der Tod durchstreichen kann. Er wird selbst im Tod an unserer Seite sein.

Er behüte dich

In diesem Wort Behüten schwingt auch das Beschützen und Bewahren mit, vor Krankheit, vor Armut, vor sozialer Kälte, vor Unglück. Gott möge uns umfassende Geborgenheit schenken und uns vor Dingen bewahren, die über unsere Kräfte gehen.

Wie Vater und Mutter ihr Kind behüten, so möge auch Gott sich behütend über uns neigen. Er wird uns nicht vor jedem Unglück bewahren können, aber er ist mächtig, es zu unserem Guten zu wenden; und er wird gerade in den schweren Stunden bei uns sein.

Der Herr lasse sein Angesicht über dich leuchten

Welch wunderbare Vorstellung! Ich kenne Menschen, über deren Gesicht bisweilen ein Leuchten geht und die mich so ansehen; sie lachen mich an, ich fühle mich wohl und vor allem angenommen. Diese urmenschliche Erfahrung wird hier auf Gott übertragen.

Gott lässt sein Angesicht über uns leuchten. Gott sieht uns voll Wohlwollen an. Er ist um uns Menschen besorgt, um das Glücken unseres Lebens. Gott möge uns anstrahlen wie die Sonne; er möge unser Leben hell machen, erleuchten, uns seine spürbare Gegenwart schenken, die Fülle des Lebens.

Er sei dir gnädig

Gnade – ein schwieriges Wort. Es meint eigentlich, dass Gott uns voller Sympathie und Liebe zugewandt ist – unabhängig von unseren Leistungen. Er ist kein strenger Richter, sondern uns Menschen freundlich und voller Wohlwollen zugetan.

Er schaut mit Güte und Nachsicht auf unsere Fehler; er hat Verständnis für unsere Zweifel und unsere Fragen. Er ist ein Gott voller Erbarmen mit uns armseligen Menschen. Er hebt uns aus unserer Armseligkeit heraus. Seine Gnade, seine Zuwendung ist schon längst da, längst bevor wir das bemerken.

Der Herr wende sein Angesicht dir zu

Das heißt zunächst ganz einfach: Gott möge seinen Blick auf dich richten. Wie ein Mensch, der sich uns zuwendet, der uns anhört, der uns zu verstehen sucht, der sich einfühlt, wie uns im Tiefsten zumute ist, so wendet uns Gott sein Angesicht zu. Er sieht uns. Er kennt uns. Er weiß um unsere Nöte. Und er weiß um unsere Sehnsucht nach dem Guten.

Diese Welt ist nicht nur Spielball unberechenbarer Mächte, menschlicher Bosheit, oder gar ein Spiel blinden Zufalls. Es ist Gottes Welt, die er mit gütigem Antlitz ansieht.

Und schenke dir Frieden

Im Hebräischen steht hier das Wort Schalom. Das ist ganz umfassend gemeint: Schalom meint das Wohlergehen des Menschen rundum: dass seine Beziehungen glücken, dass er in Frieden leben kann, dass seine Umwelt in Ordnung ist, kurz: Es meint umfassendes irdisches Wohlbefinden. Das ist Gottes Geschenk für unser Leben.

Dieser Segen steht gegen unsere Ängste. Und die sind momentan groß. Die Angst vor Terroranschlägen, vor Katastrophen, vor Tod – wer hätte sie nicht? Er steht gegen das Gefühl, unser Leben sei doch letztlich ohne Bedeutung. Er sagt uns zu, dass Gott unser einmaliges Leben bejaht, dass er uns so gewollt hat, wie wir sind. Und damit steht er auch gegen die Angst, wir selber wären nichts wert.

Nein, dieser Text zeigt, wie unendlich kostbar wir für Gott sind. Wir? – Jeder Einzelne! Durch die Segenshandlung wird der Name Gottes auf uns gelegt, sodass wir wie von einer schützenden Sphäre umgeben sind. Gott umhüllt uns, Gott beschützt uns, Gott wendet uns sein Wohlwollen zu.

Reinhard Abeln

Das Geschenk des Segens

Gott segne dich
und schenke dir Geborgenheit,
die aus dem Wissen erwächst,
dass du nie tiefer fallen kannst
als in seine Hand.

Gott segne dich
mit seiner Güte.
Seine Sorge um dich umgebe dich
wie ein bergendes Zelt.

Gott schenke dir den Mut,
Wege zu gehen,
die ungewöhnlich sind.
Er stärke dich darin
mit seinem Segen.

Gottes segnende Hand
sei über dir in allem,
was du denkst und fühlst,
sprichst und tust.

Reinhard Abeln

Die Autoren und Herausgeber

Reinhard Abeln, Dr. phil., geb. 1938, studierte nach der Ausbildung zum Grund- und Hauptschullehrer Philosophie, Psychologie, Pädagogik und Anthropologie. Er war als Journalist in der Kirchenpresse und Referent in der Erwachsenenbildung tätig. Als Autor hat er zahlreiche Veröffentlichungen über Lebens-, Ehe- und Erziehungsfragen vorgelegt sowie viele Kinderbücher verfasst. Reinhard Abeln ist verheiratet und hat zwei erwachsene Kinder.

Adalbert Ludwig Balling, geb. 1933, Mariannhiller Missionar. Nach sechseinhalb Jahren in Rhodesien (Simbabwe) – und dann wieder in Deutschland – war er jahrzehntelang als Journalist, Redakteur und Publizist tätig. – Seine Bücher fanden weite Verbreitung. Dutzende wurden in Fremdsprachen übersetzt, z. B. ins Englische, Kroatische, Slowakische, Tschechische, Ungarische, Litauische – und ins Chinesische sowie in die Sprache der Zulu im südlichen Afrika. Die von ihm edierte Reihe der „Mariannhiller Geschenkbände" umfasst 120 Buchtitel; das erste dieser Serie hatte 22 Auflagen.

Seine großen Biografien sind Standartwerke missionarischen Lebens und Wirkens. Dazu gehören zwei Bände über Missionsabt Franz Pfanner: „Der Trommler Gottes" (Herder, Freiburg 1981) – und „Der Apostel Südafrikas" (Mariannhill Würzburg, 2011); Übersetzung ins Englische: „The Apostle of South Africa" (Engelsdorfer Leipzig, 2015). – Ferner die Biografien: „Eine Spur der Liebe hinterlassen", die erste umfangreiche Lebensbeschreibung des im September 2016 seliggesprochenen Pater Engelmar Unzeitig. Hinzu kommen die Biografien „Thandabantu – Der Wandermönch von Triashill" (Bruder Ägidius Pfister); „Binde deinen Karren an einen Stern" (Pater Bernard Huss, Sozialreformer im südlichen Afrika) und: „Der braune Abt von Mariannhill" (Bruder Nivard Streicher, Architekt, Ingenieur und Agrarexperte).

Auf zahlreichen Foto- und Inforeisen lernte er Menschen und Kulturen auf allen Erdteilen kennen. Sein Motto: Freude ist eine Liebeserklärung an das Leben. Wer mithilft, die Schöpfung zu bewahren, baut Brücken in die Zukunft.

Hinweise des Verlags, der Autoren & Herausgeber

Einige meiner Texte, mehrheitlich überarbeitet und verkürzt, wurden Büchern entnommen, die seit Jahren vergriffen sind. Es handelt sich vor allem um Publikationen in den Verlagen Herder (Freiburg), Butzon & Bercker (Kevelaer), Agentur des Rauhen Hauses (Hamburg), Kanisius (Fribourg/Schweiz), Morus (Berlin) und Mariannhill (Würzburg). – ALB –

Weil als Lese- und Vorlesebuch konzipiert, mit Texten von diversen Autoren, waren gelegentliche Überschneidungen und Wiederholungen nicht ganz zu vermeiden. Wir bitten um Verständnis. – RA/ALB –

Wirkliches Leben ist Begegnung

Gedanken – Geschichten – Beispiele

„Ohne ein Du kann keiner zum Ich werden", sagt der jüdische Religionsphilosoph Martin Buber.

Die in diesem Buch versammelten Texte (Gedanken und Geschichten, Sagen und Legenden, Gebete und Sinnsprüche) machen deutlich, wie wichtig und wertvoll die Begegnung – mit dem Mitmenschen und mit Gott – für das menschliche Leben ist. Nur durch Begegnung, so wird an vielen Beispielen gezeigt, kommt der Mensch der Erfüllung seines Daseins näher.

Das lehrreiche und unterhaltsame Lese- und Vorlesebuch gibt Jung und Alt zahlreiche Anstöße zum Nach-denken und Be-denken. Es schenkt dem interessierten Leser Hilfestellung und Klarheit für den eigenen Lebensweg.

344 Seiten, Pb., 8,95 € Best.-Nr. 00162

Im Tod keimt ewige Glückseligkeit

Hoffnungstexte, die Kraft geben und Mut machen

Dieses neue Buch weist mit kleinen Tipps und Hilfestellungen in Form von Erlebnissen, Geschichten, kurzen Essays sowie zahlreichen Sinnsprüchen auf die Brücke zwischen Leben und Tod hin. Dieses Buch will dazu beitragen, dem Tod wie einem Freund zu begegnen, einem Freund Gottes. Es will uns das „Wissen" vermitteln, dass jenseits des irdischen ein neues Leben auf uns wartet – ein Dasein in der Herrlichkeit Gottes.

368 Seiten, Pb., 8,95 € Best.-Nr. 00573

Liebe und mache, was du willst

Über Sanftmut und Zärtlichkeit, Zufriedenheit, Ehrfurcht und Respekt

Liebe ist die Richtschur im Leben, an der sich alles Tun des Menschen messen lassen muss. Wer nur um sich selbst kreist, wer sich abkapselt, wer den Mitmenschen und Gott nicht an sich heranlässt, verfehlt sein Leben. Aurelius Augustinus, der große Kirchenlehrer, weist uns den Weg: „Liebe und dann tu, was du willst."

Dieses Lesebuch mit kurzen Geschichten, Spruchweisheiten, Anekdoten und meditativen Impulsen zeigt auf, worauf es im Leben ankommt.

267 Seiten, Pb. 6,95 €, Best.-Nr. 00556